BIBLIOTHÈQUE
DES ÉCOLES ET DES FAMILLES

HAYES

L'OCÉAN ARCTIQUE

PARIS
LIBRAIRIE HACHETTE ET Cie
79, BOULEVARD SAINT-GERMAIN, 79

J. HAYES

L'OCÉAN ARCTIQUE

VOYAGES D'EXPLORATION AU PÔLE NORD

J. HAYES

BIBLIOTHÈQUE

DES ÉCOLES ET DES FAMILLES

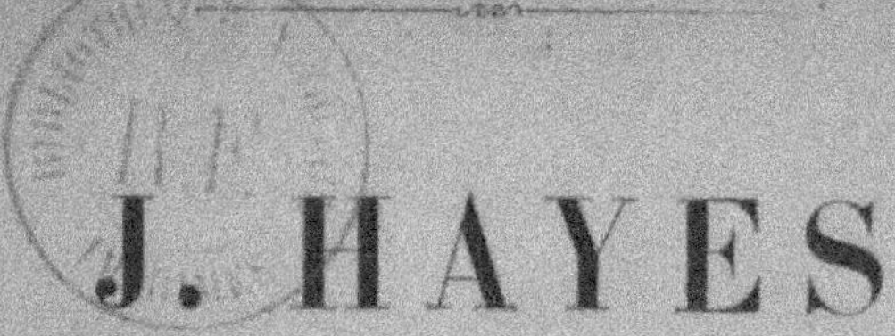

J. HAYES

L'OCÉAN ARCTIQUE

VOYAGES D'EXPLORATION AU PÔLE NORD

ABRÉGÉS PAR H. VATTEMARE

PARIS

LIBRAIRIE HACHETTE ET Cie

79, BOULEVARD SAINT-GERMAIN, 79

1880

CARTE DES RÉGIONS POLAIRES.

AVANT-PROPOS

A partir du XVe siècle, les navigateurs n'ont cessé de rechercher la route ou le passage qui devait permettre aux négociants de l'Europe d'atteindre, dans le moins de temps possible, les régions de l'Inde et du Kathaï[1].

C'est en cherchant le passage occidental que Christophe Colomb, en 1492, rencontra le nouveau monde.

Grâce à d'autres navigateurs, surtout à Vasco de Gama, qui, en 1497, doubla le cap de Bonne-Espérance[2], les nations du sud-ouest de l'Europe purent communiquer avec l'Asie sans traverser le continent.

Les contrées du nord-ouest désirèrent avoir aussi la communication dont étaient dotées leurs rivales du midi, et ce fut vers les régions arctiques que se dirigèrent les recherches des explorateurs.

1. Kathaï ou Kataï est le nom tâtar donné, dans le moyen âge, à la partie septentrionale de la Chine, qui avait pour capitale Kambala (Pékin).

2. Ce cap, découvert par le Portugais Barthélemy Diaz, en 1486, fut d'abord désigné sous le nom de *cap des Tempêtes*, à cause des vents violents qui y assaillirent les premiers navigateurs. Le roi Jean II de Portugal lui donna le nom de *cap de Bonne-Espérance*. Ce n'est pas la pointe la plus australe du continent. L'extrémité méridionale de l'Afrique est formée par le cap Agulhas ou des Aiguilles, situé à 155 kil. E.-S.-E. du cap de Bonne-Espérance.

Le Vénitien Jean Cabot fut le premier que l'Angleterre chargea de trouver ce passage. Il descendit en 1497 jusqu'à 56° de latitude nord et vint atterrir à la côte de Labrador. L'année suivante, son fils, Sébastien Cabot, découvrit Terre-Neuve.

C'est ainsi que, successivement, furent reconnues les terres de ce que l'on nomme géographiquement l'archipel Arctique.

Ce vaste groupe d'îles, situé dans la mer Glaciale arctique, au nord de l'Amérique, dont il n'est séparé que par des passes étroites, se trouve à l'ouest de la mer de Baffin. Son entrée principale est le détroit de Lancastre, qui s'ouvre sur la mer de Baffin, vers 74° de latitude.

En 1500, le Portugais Gaspar Cortereal retrouva Terre-Neuve, ainsi que le Labrador [1]. Il côtoya le Labrador jusqu'à un détroit qu'il appela détroit d'Anian et qu'on croit être le détroit d'Hudson; l'année suivante, il repartit dans le but de poursuivre ses découvertes, mais il périt dans cette seconde tentative.

En 1524, un capitaine florentin au service de la France, Jean Verazzano, prit possession des rives du Saint-Laurent au nom du roi François Ier. Une vingtaine d'années plus tard, la France, avec l'espoir de lutter aussi, sur mer et dans les Indes, contre la domination de l'empereur Charles-Quint, envoyait, à son tour, Jacques Cartier. Celui-ci, après avoir contourné Terre-Neuve, examiné le golfe et

1. Vaste presqu'île de l'Amérique septentrionale, appartenant à l'Angleterre; elle est partagée entre Terre-Neuve et le bas Canada, qui en possède les parties les plus colonisables. Cortereal y aborda le premier; ayant trouvé quelque fertilité sur la côte, il la nomma *Tierra de Laborador* (terre de labour), d'où par corruption, Labrador.

remonté le fleuve Saint-Laurent, y conduisit, en 1541, la première colonie qu'ait eue la France.

De nouveaux essais dans cette direction n'ayant pas réussi, l'Angleterre chercha vers le nord-est. Sir Hugh Willoughby, en 1553, périt près du havre de Kegor et de l'île Kilduyn, sur la côte orientale de la Laponie; mais son pilote, Chancelor, atterrit en Russie et se rendit à Moscou. Un autre de ses compagons, Burrough, en 1556, débarqua dans l'île de Vaïgatch et aperçut la Nouvelle-Zemble[1].

Cependant Martin Frobisher retournait vers l'ouest et trouvait le cap Farewell à l'extrémité méridionale du Groenland (1576); les années suivantes, il longeait les terres qui sont au nord du Labrador jusqu'au 63e parallèle, les appelait *Meta incognita* (la limite inconnue), et s'efforçait inutilement de pénétrer dans la baie qui porte aujourd'hui son nom.

Davis, dès 1585, avait trouvé la terre de Cumberland et parcouru le bras de mer auquel son nom est resté. L'année suivante, il alla au 70e parallèle. En 1587, après avoir vu l'île Disco, il dépassait le 72e, revenait vers le sud-ouest, et appelait cap Chidley le cap qui termine le Labrador au nord-ouest.

Lancaster, en 1591, retourna jusqu'à ce cap, mais ne le dépassa guère.

Alors les Hollandais reprirent la recherche par le nord-

1. La Nouvelle-Zemble, corruption du russe *Novaia-Zemlia*, c'est-à-dire Nouvelle-Terre, est un groupe de deux îles de l'océan Glacial arctique, au nord du gouvernement d'Arkhangel; elle est séparée de ce dernier par le détroit de Burrough ou de Kara.

est. Une expédition partit sous les ordres de J. van Heemskerch, ayant pour pilote W. Barentz. Elle crut avoir dépassé le 84e parallèle; mais vraisemblablement elle n'alla pas plus haut que le Spitzberg[1], dont elle parcourut l'archipel, puis, revenant vers le sud-est, elle longea toute la côte occidentale de la Nouvelle-Zemble, en doubla l'extrémité septentrionale et fut contrainte d'hiverner sur la côte nord-est.

En 1607, l'Angleterre mit sous les ordres de Henri Hudson trois expéditions pour chercher le passage septentrional à la fois par le pôle, par le nord-est et par le nord-ouest. Hudson ne put pas franchir les mers du Spitzberg, bien qu'on ait aussi prétendu de lui qu'il avait, sur son navire, été au delà du 81e parallèle ; il ne réussit pas mieux vers le nord-est, et, reprenant la direction opposée, il passait près de l'Islande, louvoyait en vue du Groenland, du 70e au 59e, apercevait le Labrador, puis s'enfonçait dans le détroit qui porte son nom et où il mourait, abandonné par son équipage mutiné, en 1611.

La ténacité anglaise fit reprendre cette route par Th. Bulton en 1612, et en 1615 par Bylot, qui atteignit 65° 25′ dans le détroit de Davis.

Dès l'année suivante, Bylot y retournait avec W. Baffin pour pilote. C'est alors qu'il découvrit le golfe des Cornes (Horn-Sound) et la baie de la Baleine (Whale-Sound), très voisine de l'anse à laquelle Hayes devait, deux siècles plus tard, imposer le nom de port Foulke. Il vit

1. Archipel de l'océan Glacial arctique, au nord de la Norvège, découvert en 1596 par le Hollandais Barentz. Le nom de Spitzberg signifie montagnes pointues.

le détroit de Lancastre, en un mot parcourut à peu près entièrement la mer que la postérité appelle la mer de Baffin.

Dans le siècle suivant, une nouvelle nation, la Russie, prit sa part des découvertes arctiques.

Le Danois Behring, au service du tzar Pierre le Grand, s'il ne franchit pas le détroit auquel on a donné son nom, acquit du moins la conviction, en 1728, que l'Asie était séparée de l'Amérique.

Morovieff, parti d'Arkhangel, sortit de la mer Blanche en 1734, traversa l'année suivante le détroit de Kara, mais ne réussit pas à doubler le cap qui sépare la mer de Kara et le golfe de l'Obi. Churakoff pénétra du même côté dans ce golfe en 1738, tandis que Koskeleff et Offzin en sortaient et réussissaient à entrer dans l'Iénisséi; mais Ménin, qui voulut partir de l'Iénisséi pour arriver à la Léna [1], ne put trouver aucun passage dans les glaces, et l'on sait dans quels héroïques efforts s'est, plus tard, épuisé vainement le lieutenant Prontchichtchef pour doubler le cap Tchéliouskine [2].

Au compte de l'Angleterre se font, pendant la même période, trois remarquables voyages.

En 1773, Phipps trouva dégagées de glaces les côtes occidentales et septentrionales du Spitzberg, mais chercha inutilement une ouverture dans la banquise qui bordait le littoral sur une largeur de plusieurs kilomètres.

1. Fleuves de la Russie d'Asie (Sibérie) tombant tous deux dans l'océan Glacial arctique.

2. Pointe septentrionale du continent d'Asie, par 77° 1/2 de latitude. Elle a été doublée par mer, pour la première fois, en 1878, par le suédois Nordenskiöld. Tchéliouskine, le premier, la doubla par terre en traîneau, en 1742.

Cook (1778) tenta de descendre vers le pôle par le détroit de Behring ; il doubla le cap du Prince de Galles et fut arrêté par une plaine de glace située à 70° 45′ de latitude nord, aussi compacte qu'un mur; s'élevant au-dessus de l'eau de trois à quatre mètres, d'une épaisseur d'une vingtaine de mètres, elle inclinait au sud du côté de l'Asie.

Clerke, l'année suivante, ne put, malgré des efforts persévérants, parvenir à dépasser 70° 26′ de latitude nord.

La banquise était aussi puissante que Cook l'avait vue, et Clerke écrivit : « Il est hors de toute vraisemblance que le reste de l'été puisse fondre cet amas prodigieux de glace... Je crois donc qu'il n'y a rien de mieux à faire que de chercher s'il n'existe pas d'ouverture qui permette de longer la côte d'Asie... » A peine arrivé en vue de ce littoral, Clerke y mourut d'épuisement, après avoir ordonné à ses équipages de reprendre la route du détroit de Behring et de l'Angleterre.

Les renseignements que nous possédons sur les régions glacées ont été complétés pendant le siècle actuel. Nous nous contenterons de citer les noms des divers navigateurs qui ont effectué ces importantes explorations :

Kotzebue (1815-1818), Henderson (1817) [1], Franklin (1819-22, 1825-27 et 1845), Scoresby (1820), Parry (1818, 1821-23, 1827), Wrangel (1820-24), Beechey (1825-28), Ross (1829-33), Kellett et Moore (1848), Penny et Steward (1850), Mac Clure et Collinson (1850-

1. Henderson est, dit-on, le premier qui ait vu la Polynie, ou mer libre des Russes, que MM. Hayes et Lambert placent au nord des îles Liakhoff (voy. la carte à la fin du volume).

54), Beecher (1852-53), Inglefield (1852), Kane (1853-55), Mac Clintock (1858), Hayes (1860-61), Koldawe (1868-70), Payer et Weyprecht (1871-73), Hall (1871), Nares (1875-76), et enfin Nordenskiöld (1858-1879).

C'est William Parry qui le premier, en 1819, réussit à pénétrer dans l'archipel Arctique, dont il a exploré la principale artère, de l'est à l'ouest, dans toute son étendue, et dont il a ouvert la route à ses successeurs. C'est avec justice que le nom de ce navigateur a été donné à toute la partie septentrionale de l'archipel.

Quant au passage du nord-ouest, l'honneur de la découverte en revient au capitaine Mac Clure, qui la fit en 1850. Mais elle reste sans utilité pratique, à cause des glaces, qui non seulement rendent cette navigation très pénible et très périlleuse, mais encore interceptent presque continuellement les détroits qu'il faut traverser.

C'est donc avec juste raison que, dans ces derniers temps, on a séparé la recherche de la mer libre de celle du passage du nord-ouest.

Quels que soient les doutes que l'on peut avoir sur l'existence d'une mer libre aux environs du pôle arctique, les hardis explorateurs dont nous venons de parler ont établi le fait incontestable suivant : si, dans des espaces où d'autres ont navigué, on peut se trouver pris dans les glaces; si les bras de mer sont gelés dans les environs du pôle magnétique, on trouve généralement l'eau libre à une distance plus ou moins grande au nord de ces glaces solides.

D'un autre côté, J. Hayes, dont nous allons raconter

le voyage, affirme que les eaux ne se couvrent de glace qu'à l'abri de la terre.

Ces théories sont d'ailleurs conformes aux dépositions des Esquimaux.

Ross raconte une entrevue avec les indigènes du nord de la baie de Melville, près du cap York : « Sakheuse, un Esquimau du Groenland danois, montrant le sud, ajouta qu'il venait d'un pays situé de ce côté. — Cela ne peut pas être, répondirent les indigènes ; il n'y a par là rien que de la glace... Quant à eux, ils arrivaient du nord, où il y avait beaucoup d'eau. »

L'année suivante, Ross rencontre sur les côtes de la presqu'île Boothia un parti d'indigènes : « Ils étaient venus à l'endroit où nous les trouvions, afin d'être plus près de l'eau libre qui, nous dirent-ils, existait à quelque distance dans le nord [1]. »

L'élévation de température dans les environs du pôle provient de l'action du Gulf-Stream (courant du golfe), grand courant de l'océan Atlantique, qui, partant du golfe du Mexique, suit les côtes d'Amérique et se dirige vers l'ouest de l'Europe. Là il se divise en deux branches, dont l'une court vers le nord en suivant les côtes de l'Islande et de la Norvège et dont l'autre vient se briser dans le golfe de Gascogne (voyez la carte qui accompagne ce volume). Ce courant se reconnaît à la chaleur de ses eaux, à leur couleur bleue et à leur forte salure. C'est à son influence qu'est due la douceur de température qui règne en hiver

1. Dans le volume consacré à l'expédition de la *Germania* et de la *Hansa*, commencée en 1869, nous parlerons des tentatives faites, depuis le voyage de Hayes, pour résoudre le problème du pôle.

sur les côtes qu'il baigne. Il existe un autre courant de même nature, courant équinoxial, qui part des îles de la Sonde, contourne le cap de Bonne-Espérance et vient rejoindre le courant du golfe du Mexique. Ces deux courants ont été étudiés et décrits par le lieutenant Maury, de la marine américaine.

M. Hayes avait fait partie, en qualité de chirurgien, de l'expédition que le docteur Kane dirigeait, de 1853 à 1855, aux frais de M. Grinnell, riche négociant de New-York, dans le but de retrouver, au milieu des glaces du pôle nord, les traces de sir John Franklin. Cette expédition avait exploré les parages des détroits de Smith et de Kennedy et arboré le pavillon des États-Unis sous une latitude que personne n'avait atteinte encore par la voie de la baie de Baffin, en face d'une vaste étendue de l'océan Polaire, libre de glaces.

C'est le docteur Hayes qui, pendant ce voyage, découvrit la terre à laquelle il donna le nom de Grinnell, comprise entre 70° et 90° de latitude nord, et qui est séparée du Groenland par le détroit de Smith (voyez la carte).

Il avait la conviction que l'Océan ne pouvait être gelé autour du pôle, et qu'une vaste mer libre, dont l'étendue variait avec les saisons, se trouvait encadrée dans la formidable barrière de glace contre laquelle étaient venus se heurter tant de navigateurs. Il désirait ardemment avoir la preuve que son opinion n'était pas erronée.

Son premier voyage l'avait amené à conclure que le véritable moyen de résoudre ce problème physique était de prendre la voie du détroit de Smith. Il espérait ouvrir une route à son bâtiment jusqu'au 80e parallèle [1], puis, à l'aide des chiens indigènes, transporter sur les glaces un canot, et enfin, si pareille chance lui était réservée, le lancer sur la mer libre pour continuer sa route vers le nord.

Pour obtenir les moyens de réaliser son projet, il fit avec confiance appel au monde savant et à ses concitoyens.

On y répondit avec empressement. Les associations scientifiques et philanthropiques des États-Unis, les Sociétés de Géographie de Londres et de Paris souscrivirent, en faveur de l'expédition projetée, des sommes importantes ; si bien qu'en 1860 M. Hayes se trouva en mesure d'entreprendre sa périlleuse exploration.

Hippolyte Vattemare.

1. Les parallèles sont les cercles, parallèles à l'équateur, imaginés pour numéroter les degrés de latitude, c'est-à-dire ceux à l'aide desquels on mesure la distance des deux pôles à l'équateur. De l'équateur au pôle il y a 90 degrés.

J. HAYES

CHAPITRE PREMIER

DE BOSTON A UPERNAVIK (GROENLAND).

Au printemps de 1860, le docteur Hayes arriva à Boston, capitale de l'État de Massachusetts, et y trouva le navire qui devait le porter au pôle nord.

C'était une goélette[1] gracieuse, solide, bien membrée, tirant 2^m,43 d'eau et jaugeant 133 tonneaux. Le docteur s'empressa de changer son nom de *Spring-Hill* (Colline printanière) en celui d'*United-States* (États-Unis), baptême qui, sur sa requête, fut plus tard confirmé par un acte du congrès de Washington.

Ce petit navire avait été équipé, aménagé et approvisionné avec le soin, la sollicitude que réclame la navigation des mers arctiques; il était muni de tous les instruments nécessaires dans ces hautes latitudes. L'équipage se composait du commandant, du docteur Auguste Sonntag, jeune savant déjà familiarisé avec les épreuves des expéditions polaires — il avait été, comme le docteur Hayes, l'un des compagnons de Kane — d'un secrétaire, d'un aide-astronome et de onze

1. Parmi les navires construits pour les longues traversées, la goélette est un des plus petits, des plus rapides et des plus élégants. Elle porte deux mâts inclinés sur l'arrière et deux grandes voiles installées sur cornes. Son chargement varie de 30 à 150 tonneaux.

marins d'élite, officiers et matelots. De tous ces hommes, M. Sonntag était le seul qui fût réellement instruit.

Le docteur Hayes voyait avec chagrin s'avancer la saison; il craignait de ne pouvoir plus franchir la glace de la mer de Baffin, ni choisir un lieu d'hivernage avant que les banquises[1] lui eussent fermé tout accès.

Enfin, le jour du départ arriva. Le 6 juillet, la goélette leva l'ancre, sortit de la baie de Boston, saluée par les applaudissements et les souhaits d'une foule attendrie, et gagna la pleine mer.

« Avant le soir, écrit le docteur Hayes, les côtes avaient disparu, et j'étais de nouveau bercé par les vagues du grand Atlantique; de nouveau je voyais le soleil disparaître sous la ligne des eaux, et je contemplais les nuages aux changeantes couleurs suspendus au-dessus de la terre que je venais de quitter, jusqu'à ce que la dernière teinte d'or et de cramoisi se fût fondue dans le doux crépuscule. Me glissant alors dans mon humide et étroite cabine, je goûtai le premier repos profond et continu que j'eusse pris depuis plusieurs semaines. L'entreprise qui, durant cinq ans, avait absorbé toutes mes pensées était maintenant en voie d'exécution. Appuyé sur la Providence et fort de mon énergie, j'avais foi dans l'avenir.

« J'eus bientôt réglé ce qui concernait la discipline. Quant à notre goélette, les difficultés étaient infiniment plus compliquées : impossible de rendre notre habitation actuelle un peu confortable, impossible de mettre un ordre quelconque dans le chaos de son chargement. Nous étions déjà secoués par les flots de l'Océan que notre pont offrait encore le spectacle du plus désespérant pêle-mêle : barils, caisses, planches, canots, colis de toutes sortes étaient cloués ou amarrés aux mâts et aux œuvres mortes; tout était encombré, et il ne restait, de l'avant à l'arrière, qu'un anguleux sentier tracé dans

1. Zones de glaces, fixes ou en dérive, empêchant les abords des régions polaires.

l'entassement. Pour lieu de promenade, nous n'avions que la dunette, étroit espace de 3^m,65 de long sur 3 mètres de large, et où il nous avait fallu laisser maint objet dont la vraie place eût été à fond de cale : au-dessous des écoutilles, tout était bondé ; pas un coin, pas un recoin, pas un trou qui ne fût rempli, et le désordre du pont devait nécessairement durer jusqu'à ce qu'une lame complaisante vînt balayer tout ce bric-à-brac ; je dis complaisante, car nous n'aurions pas pu nous décider à rien jeter à la mer. Cependant nous étions tellement chargés que le pont, par le travers des passavants, ne s'élevait que de 45 centimètres au-dessus de l'eau, et qu'en se courbant sur le bastingage on pouvait toucher la mer. La cuisine occupait toute la place entre le panneau de l'avant et le grand mât ; l'eau, embarquant par-dessus les murailles, inondait les passavants ; le feu de la cuisine et l'ardeur du cuisinier s'éteignaient souvent à la fois, et je laisse à penser si la régularité de nos repas en était compromise.

« Ma cabine se trouvait dans la partie arrière du rouf ; elle s'élevait de deux pieds au-dessus du pont, et mesurait 2 mètres de long et 3 de large. Deux œils-de-bœuf pendant le jour, la nuit une lampe grinçant dans ses supports, éclairaient mon réduit d'une faible lueur. Le charpentier confectionna une couche étroite à mon usage, et lorsque je l'eus recouverte d'un magnifique tapis brodé et entourée de brillants rideaux rouges, je fus ébloui du luxe qui allait être mon partage.

« Devant ma cabine, un espace assez restreint était occupé par l'échelle du dôme, l'office du maître d'hôtel, le tuyau du poêle, un baril de farine et la chambre de M. Sonntag. En descendant deux marches, on se trouvait dans le carré des officiers, petite pièce de 3 mètres de côté et de 2 mètres de hauteur, lambrissée de chêne et contenant huit cadres (lits), dont, par bonheur, quelques-uns n'avaient pas de maître. On le voit, notre installation ne pouvait guère prétendre au titre de confortable ; celle des matelots n'était pas meilleure ; ils se trouvaient logés sous le gaillard d'avant, tout contre les murailles du navire[1].

« Notre route passait entre l'île de Sable et les caps orientaux de Terre-Neuve. Ceux qui ont navigué dans les parages de la Nouvelle-Écosse, se rappellent leurs brouillards lourdement suspendus sur la mer, pendant la chaude saison surtout ; nous en eûmes plus que notre bonne part ; dès le second jour de la traversée, nous avions appris à les connaître. Pendant une semaine nous fûmes enveloppés d'une atmosphère si dense que le soleil et l'horizon avaient complètement disparu pour nous. Nous ne pûmes faire une seule observation, et pendant cette période il nous fallut recourir sans cesse à la sonde et à nos calculs ; mais des courants variables rendaient fort douteuse cette méthode d'appréciation.

« Cependant les latitudes fuyaient sous notre rapide sillage, et peu de jours après nous labourions les eaux qui baignent les côtes rocheuses du Groenland. »

Le 30 juillet, à huit heures du soir, la goélette passa le cercle polaire arctique[2] et entra dans son champ de travail. Le navire fut pavoisé et l'on tira une salve de canon en signe de réjouissance.

1. Nous expliquerons les termes de marine au fur et à mesure qu'ils se rencontreront dans le récit. Voici la signification de ceux employés jusqu'ici : *Écoutille*, ouverture carrée par laquelle on descend du pont dans l'intérieur. *Passavant*, passage ménagé de chaque côté d'un navire pour communiquer d'un gaillard à l'autre. *Bastingage*, espèce de galerie construite sur des chandeliers de fer et posée autour des passavants. *Rouf*, partie honorable de l'entrepont, située à l'arrière et habitée par les officiers. *Gaillard*, partie élevée à chaque extrémité du pont d'un navire ; celui d'arrière, réservé aux officiers, s'étend du couronnement au grand mât, et celui d'avant, entre les haubans de misaine et la proue ou l'avant du navire, est occupé par les matelots. *Dunette*, demi-gaillard qui est la partie la plus élevée de l'arrière. *Dôme*, abri construit sur l'ouverture placée au gaillard d'arrière et donnant accès à la galerie ou au carré des officiers.

2. Les deux cercles polaires sont à 66° 32' d'éloignement de l'équateur et à 23° 28' de chaque pôle, à l'endroit où se terminent les climats horaires et où commencent les climats mensuels, c'est-à-dire où la durée du jour est d'un mois plus longue que dans le climat précédent.

On avait navigué à raison de 180 kilomètres par jour, et la côte de Groenland se trouvait à une cinquantaine de kilomètres; le cap Walsingham était par le travers de tribord, et, si l'état de l'atmosphère l'eût permis, on aurait aperçu, de bâbord[1], la cime du mont Suckertoppen.

A cette époque de l'année, le soleil brillait à minuit.

A partir de 66° 32′ de latitude, en effet, et à mesure que l'on avance vers les pôles, les jours ont, en été, une durée d'un, de deux, de trois, jusqu'à six mois. Par contre, en hiver, on a, dans ces latitudes, des nuits de la même longueur.

Un peu avant d'arriver au cercle polaire, on rencontra le premier *iceberg* — prononcez *aïce-berg* — mot qui signifie montagne de glace. On rencontrera souvent cette expression dans le cours de notre narration : aussi croyons-nous devoir en dire quelques mots.

Les icebergs se forment à terre. Morceaux de fleuves de glace, ils sont poussés, par un lent mouvement séculaire, vers la mer, où ils pénètrent jusqu'à ce qu'ils soient soulevés, brisés et emportés par l'action des flots, ainsi que Hayes l'explique plus loin.

Notre regretté compatriote Gustave Lambert, l'auteur persévérant d'un *Projet d'Exploration au pôle nord*, parle ainsi de ce phénomène :

« A la mer, l'*iceberg* se reconnaît à la transparence de la glace, à des détritus terrestres et organiques, à une densité moyenne plus grande que celle du champ de glace (*icefield*) qui se forme à la mer, et à ses dimensions colossales. On en a mesuré qui jaugeaient plusieurs milliers de tonneaux et qui, ayant de 100 à 200 mètres au-dessus de l'eau, devaient avoir de 600 à 1000 mètres d'épaisseur totale. Quand ces masses se trouvent dans certaines conditions calorifiques, elles se

1. En regardant de l'arrière à l'avant d'un navire, le *bâbord* est à gauche, le *tribord* à droite : au point de vue des préséances, celui-ci est le premier.

fendillent, se gercent et parfois éclatent brusquement, se brisant en mille pièces avec un bruit terrible. »

L'iceberg rencontré se dirigeait en droite ligne sur la goélette, qui s'empressa de lui faire place. C'était une pyramide irrégulière de 45 mètres de hauteur sur 90 de largeur.

Le 31 juillet, on arrivait près de l'extrémité sud de l'île de Disco, et le lendemain la côte du Groenland se dressait devant les explorateurs dans son austère magnificence, avec ses larges vallées, ses profonds ravins, ses superbes montagnes, ses rochers déchirés et sombres, sa terrible désolation.

Le Groenland, encore inconnu de la plupart des compagnons du docteur Hayes, fait partie de l'Amérique danoise. C'est une grande île qui se prolonge, sans qu'on en ait encore atteint l'extrémité, au delà du 80e degré de latitude. Elle est comprise entre l'océan Arctique, le détroit de Davis, la mer de Baffin et le détroit de Smith. Les indigènes appartiennent à la race des Esquimaux et sa population est de 10 000 âmes, dont 300 Européens. Le froid y est extrême, la température, pendant presque toute l'année, descendant jusqu'à 45° au-dessous de zéro. Le Groenland fut découvert en 982 par l'Islandais Eric Randa, qui lui donna le nom de *Groenland* (terre verte) à cause de son aspect verdoyant.

Le brouillard s'était élevé, et, à mesure que la goélette suivait les côtes, les monts de glace se succédaient et défilaient devant les yeux des explorateurs comme les châteaux fantastiques d'un conte de fées.

« Il nous semblait, écrit M. Hayes, que nous étions attirés par une main invisible dans la terre des enchantements.

« Non, je ne pourrais dire avec quel enthousiasme nous regardions ce glorieux changement de décor !

« Nous sommes au 2 août ; il est minuit ; la mer est unie comme une glace, pas un pli, pas une ride, pas un souffle de vent ; le soleil chemine avec bonheur sur l'horizon du nord, de légères nuées flottent suspendues dans l'air, les ice-bergs se dressent autour de nous, les noires arêtes des côtes se profilent vivement sur le ciel, les nuages et la mer ; les glaces et les montagnes sont baignées dans une splendide atmosphère de cramoisi, de pourpre et d'or.

« Dans mon précédent voyage, je n'avais contemplé rien de si beau. L'air rappelait, par sa mollesse, une de nos charmantes nuits d'été, et cependant nous étions entourés de montagnes nues et de ces icebergs que, dans notre terre aux vertes collines et aux forêts frémissantes, on associe à des idées de froide désolation. Le ciel était brillant et doux comme le poétique firmament d'Italie ; les blocs avaient eux-mêmes perdu leur morne aspect et, tout embrasés des feux du soleil, ressemblaient à des masses de métal incandescent ou de flamme solide. Près de nous, pareil à un bloc de Paros incrusté de gigantesques opales et de perles d'Orient, se dressait un immense mont de glace ; à l'horizon, et si loin que la moitié de sa hauteur disparaissait sous la rouge ligne des flots, un autre nous rappelait par sa forme étrange le vieux Colisée de Rome. Le soleil, poursuivant sa course, passa derrière lui et l'illumina soudain d'un jet de flammes éblouissantes.

« L'ombre des montagnes de glace colorait d'un admirable vert l'eau sur laquelle elle se posait ; mais plus belles encore étaient les teintes délicates des vagues légères glissant sur les pentes de ces îles de cristal. Partout où l'iceberg surplombait, les tons devenaient plus chauds ; sous une cavité profonde, la mer prenait la couleur opaque de la malachite alternant avec les transparences de l'émeraude, pendant qu'à travers la glace elle-même courait diagonalement une large bande de bleu d'azur.

« La splendeur de cette scène était encore accrue par les milliers de cascatelles qui, de toutes ces masses flottantes, ruisselaient dans la mer et qu'alimentaient les flaques fondues de neige et de glace amassées dans les dépressions à la surface de ces glaciers errants.

« Parfois un bloc énorme, se détachant tout à coup de leurs parois, s'abîmait dans les profondeurs avec un fracas épouvantable, pendant que la vague roulait sourdement à travers les arceaux brisés. »

Le 6 août, un peu après minuit, on jeta l'ancre dans un petit port très commode nommé Prœven, où régnait une indescriptible odeur de poisson pourri. Les voyageurs y furent accueillis par les plus étranges bateliers et la plus singulière flottille qui aient jamais escorté un navire : les Groenlandais et leurs fameux kayaks[1].

Le kayak est certainement la plus frêle des embarcations qui aient jamais porté le poids d'un homme. Construite en bois très léger, la carcasse du bateau a vingt-trois centimètres de profondeur, cinq mètres quarante-huit centimètres de longueur et quarante-six centimètres de largeur, vers le milieu seulement ; elle se termine à chaque bout en une pointe aiguë et recourbée par le haut. On recouvre le tout de peaux de phoque rendues imperméables, et si admirablement cousues par les femmes, au moyen de fil de nerfs de veau marin, que pas une goutte d'eau ne passerait à travers les coutures. Le dessus du canot est garni comme le fond ; seulement, pour donner passage au corps du pêcheur, on a laissé une ouverture parfaitement ronde et entourée d'une bordure de bois sur laquelle le Groenlandais lace le bas de sa blouse, également imperméable ; il est ainsi solidement fixé à son kayak, où l'eau ne saurait pénétrer. Une seule rame d'environ deux mètres de long, aplatie à chaque bout, qu'il tient par le milieu et plonge alternativement à droite et à gauche, lui sert à diriger cette embarcation, aussi légère qu'une plume et gracieuse comme un caneton nageant. Elle n'a pas plus de lest que

1. Le mot *kayak* se rapproche évidemment de celui de *kaïk*, qui désigne à Constantinople les embarcations légères ; cette ressemblance servirait à confirmer la parenté, signalée par divers linguistes, existant entre l'idiome groenlandais et les langues que l'on nomme aujourd'hui turco-finnoises

ESQUIMAU GROENLANDAIS ET SON KAYAK.

de quille et rase la surface de l'eau ; la partie supérieure en est nécessairement la plus lourde : aussi faut-il une longue habitude pour conduire un kayak avec succès, et jamais danseur de corde n'eut besoin de plus de sang-froid que le pêcheur esquimau. Sur ce frêle esquif, il se lance sans hésiter dans la tempête et se glisse à travers les écueils blancs d'écume; cette lutte sauvage est sa vie, et, en dépit de la mer furieuse, il poursuit sa route sur les grandes eaux.

C'est ainsi que cet homme-poisson parcourt d'énormes distances le long des côtes de glace et des fiords sinueux de son âpre patrie, á la poursuite des veaux marins, des morses et des narvals; c'est ainsi qu'il fait le service de la poste entre les établissements danois.

Les Groenlandais ont deux campements, celui d'été et celui d'hiver. Pour transporter leurs effets et leur ménage d'une station à l'autre, ils ont une autre embarcation, désignée sous le nom d'*oumyak*. C'est une large machine quadrangulaire, rappelant, par sa forme et son peu de profondeur, les bacs de nos petites rivières, mais n'ayant du reste que ces points de ressemblance avec ces inventions primitives de l'art nautique. Il est construit des mêmes matériaux que le kayak, c'est-à-dire d'une membrure de bois ou d'os de cétacés, revêtue de peaux de phoque si bien cousues et tannées qu'elles sont imperméables, et si solides que, malgré leur transparence parcheminée, qui laisse entrevoir sous elles la couleur et la profondeur des ondes, elles supportent le poids de huit, dix et jusqu'à douze nautoniers. Ceux-ci, du reste, sont toujours choisis parmi le beau sexe; car jamais un Esquimau ne monte à bord d'un *oumyak*, même quand sa famille y voyage; il l'accompagne au besoin, scellé dans son kayak, lui servant de guide et de pilote; mais il laisse philosophiquement sa femme, ses filles et ses sœurs pagayer à tour de bras et diriger l'embarcation vers le point convenu entre eux.

ESQUIMAUX GROENLANDAIS DANS LEUR CAMPEMENT D'ÉTÉ.

La goélette était assaillie par les indigènes encastrés dans leurs légères embarcations.

« Je les suivais des yeux, écrit M. Hayes, pendant qu'ils se massaient autour du navire et nous assourdissaient de leurs indiscrètes demandes ; la civilisation leur a appris à tenir en haute estime le rhum, le café, le tabac ; mais, en gens avisés, nous en donnâmes seulement à ceux qui nous offraient quelque chose en échange : un vieil Esquimau, dans le cours de sa longue vie, avait réussi à pêcher quelques mots d'anglais, et nous tendait un beau saumon en criant à tue-tête : *Livre rhum! bouteille sucre!*

« Pour moins que cela, pour un verre d'alcool ou une pincée de tabac, vous obtiendrez d'un de ces amphibies (pourvu que la mer soit belle et que quelque congénère soit à portée de lui venir en aide au besoin) de faire avec son kayak le saut périlleux, c'est-à-dire de se renverser sous l'eau, la tête en bas, et d'opérer un tour complet sur l'axe de sa navette de tisserand.

« Cet exercice, qu'on peut appeler la haute école du kayak, exige autant d'adresse que de sang-froid, car la plus légère erreur de mouvement serait un danger pour l'homme, la perte de sa pagaie serait sa mort. Il ne revient à la surface que soufflant et rejetant l'eau par les narines, comme un marsouin, mais toujours prêt à recommencer, en vue d'une nouvelle récompense. »

Le docteur Hayes, qui, pour ses traînages sur les glaces, avait besoin d'un complet équipage de chiens, ne put s'en procurer, à Prœven, qu'une demi-douzaine de vieux et trois ou quatre jeunes. Espérant être plus heureux à Upernavik, il mit à la voile pour cette destination le 12 août dans la matinée.

La goélette avait pour pilote une espèce d'original, païen converti, portant avec orgueil le nom d'Adam qui lui avait été donné à son baptême. Nul n'était plus naïvement convaincu de sa propre importance. Et cependant son apparence exté-

OUMYAK GROENLANDAIS, BARQUE PAGAYÉE PAR DES FEMMES (P. 24).

rieure n'était pas de nature à justifier ses prétentions. L'officier de manœuvres, peu confiant de son naturel, lui fit subir un interrogatoire si prolongé, qu'Adam finit par s'impatienter.

« Je suis le maître de la situation, » s'écria-t-il dans son idiome; et il ajouta en mauvais anglais : « Assez d'eau dans le port... pas de rochers du tout; je le sais bien. »

Puis il s'éloigna d'un air de dignité offensée.

C'était néanmoins un bon pilote, et, grâce à son habileté, la goélette arriva, le soir du même jour, à Upernavik et jeta l'ancre auprès du brick[1] danois *Thialfe*, qui terminait son chargement d'huiles et de peaux et se disposait à partir pour Copenhague.

L'arrivée d'un second bâtiment causa parmi la population une émotion extraordinaire. La colline tapissée de mousse qui de la ville descend à la mer, était couverte, sur toutes ses assises rocheuses, de groupes d'hommes, de femmes et d'enfants revêtus de costumes bigarrés et pittoresques, accourus pour assister au débarquement des nouveaux venus.

Cette nuit, nuit du 12 au 13 août, s'ouvrit le martyrologe de l'expédition. Le premier nom qui fut inscrit fut celui de M. Gibson Caruthers, à la fois contre-maître et charpentier du navire. Homme de tête et de cœur, il avait gagné l'amitié de tout le monde; avec le docteur Sonntag, c'était le seul de l'équipage qui connût les mers arctiques, où il avait navigué, en 1850-51, sous les ordres du capitaine Haven. La veille, il se couchait en parfaite santé; au matin, on le trouvait mort et déjà refroidi dans son cadre!

M. Hayes alla prier le pasteur de vouloir bien présider aux funérailles, qui devaient avoir lieu le jour suivant.

« L'aspect général d'Upernavik, écrit-il, diffère fort peu de celui de Prœven; plusieurs huttes et quelques Esquimaux de

1. Bâtiment à deux mâts.

VUE D'UPERNAVIK (GROENLAND).

plus ne suffiraient pas à lui donner le premier rang, si la station n'avait l'insigne honneur de posséder le résident danois du district, une mignonne église et un joli presbytère.

« Une figure féminine entrevue derrière les blancs rideaux de bizarres petites fenêtres me fit penser que j'approchais de l'habitation du pasteur : je frappai à la porte, et je fus introduit dans un charmant salon, dont l'exquise propreté annonçait la présence d'une femme, par la plus étrange servante qui ait jamais répondu à l'appel d'une sonnette ; c'était une Esquimaude au teint cuivré, à la noire chevelure nouée en touffe au sommet de la tête ; elle portait une blouse qui lui couvrait la taille, des pantalons de peaux de phoque, des bottes montantes teintes en écarlate et brodées d'une manière qui aurait surpris les blondes filles de la Saxe.

« La chambre était parfumée par l'odeur des roses, du réséda et de l'héliotrope qui fleurissaient au soleil près des rideaux de mousseline neigeuse ; un canari gazouillait dans une cage, un chat ronronnait sur le tapis du foyer, et un homme à l'air distingué me tendait sa main blanche et douce pour me donner la bienvenue.

« C'était M. Anton, le missionnaire. Madame Anton et sa sœur vinrent nous rejoindre, et nous fûmes bientôt assis autour de la table de famille : vin de Médoc irréprochable, café de choix, cuisine danoise, hospitalité scandinave. »

Rien de triste et de désolé comme le cimetière de la station ; situé sur la colline dominant la ville, il ne possède pas la moindre parcelle de terre et consiste en un escalier aux assises rocheuses, sur lesquelles on dépose les grossiers cercueils recouverts ensuite de pierres brutes.

Le docteur Hayes resta quatre jours à Upernavik pour acheter des chiens, ainsi que la garde-robe arctique de l'équipage : peaux de rennes, de phoques et de chiens. Grâce aux bons offices de M. Hansen, le résident danois, il trouva à recruter dans la population deux matelots danois, trois Esquimaux convertis, chasseurs et conducteurs d'attelages, et un interprète, Pierre Jansen, qui lui-même était résident du petit établissement de Tessuissak, situé à cent dix kilomètres au nord d'Upernavik.

« La touchante cordialité des habitants d'Upernavik, écrit Hayes, m'a laissé le plus doux souvenir ; je ne puis me rappeler sans émotion leur désir de nous être utiles et leurs généreux efforts pour nous procurer ce qui nous manquait encore ; j'ajoute, à leur louange, que tous ces services étaient complètement désintéressés ; ils refusaient opiniâtrément ce que je pouvais leur offrir, et c'est à peine si je parvins à faire accepter à quelques-uns un baril de farine ou une boîte de conserves. « Vous n'en aurez que trop besoin pendant votre voyage, » répondait-on partout. M. Hansen renvoya même à bord le présent que j'avais cru devoir lui faire, en échange de l'attelage dont il m'avait libéralement fait cadeau.

« Aussi me sembla-t-il que je ne pouvais quitter l'établissement sans donner à ces braves cœurs un témoignage de ma profonde reconnaissance. Le 17 juillet, veille de mon départ, j'invitai à une collation les représentants du roi Frédéric VII ; j'expédiai à terre mon secrétaire, M. Knorr, muni de cartes d'invitation cérémonieusement écrites sur beau papier de Paris et scellées de cire parfumée. Quelques heures après, il était de retour, ramenant six personnes avec lui : les deux dames du presbytère, Madame et M. Hansen, le pasteur et le docteur Rudolph ; le capitaine du *Thialfe* les avait déjà précédés à bord.

« La collation faisait grand honneur à notre vieux cuisinier suédois et à notre maître d'hôtel ; les viandes et les légumes conservés offraient une diversion agréable aux habitants de ce pays de phoques ; les lacs du Groenland avaient fourni leurs magnifiques saumons, et, pour ma part, je tirai de leur cachette des vins éclos au soleil de la France et sous le ciel doré de l'Italie, et le rhum de Santa-Cruz, qui nous servit à faire un punch délicieux.

« La conversation fut bien un peu languissante au commencement, mais après quelques minutes chacun y mit du sien : anglais, danois, allemand, latin abominable, tout se mêla aussi harmonieusement que les ingrédients du punch. On but au roi de Danemark, au président des États-Unis, à notre bonne chance, à tout et au reste.

« Les têtes commençaient à s'échauffer, lorsque tout à coup des pas lourds ébranlèrent l'échelle du dôme, et le contremaître apparut, froid et morose :

« L'officier de quart, monsieur, vous fait dire, monsieur, que les chiens sont à bord, monsieur, et qu'on est prêt à lever l'ancre, comme vous l'avez ordonné, monsieur.

— Bien. Et le vent?

— Léger et soufflant du sud, monsieur. »

« Il n'y a pas à hésiter, il faut jeter nos hôtes à la mer avec toute la politesse possible.

« Les messieurs cherchent en toute hâte les châles et les manteaux des dames; les dames elles-mêmes sont précipitées dans le canot, le docteur Rudolph se charge de notre courrier, promettant de le remettre au consul américain de Copenhague.

« Le cabestan crie, la goélette déploie ses ailes blanches, et nous sentons se rompre le dernier lien qui nous attachait au monde du soleil et des vertes prairies, en voyant, sur la colline d'Upernavik, disparaître les rubans aux brillantes couleurs et les mouchoirs blancs qui nous saluaient encore. »

CHAPITRE II

DE LA MER DE BAFFIN AU PORT FOULKE.

C'est à Upernavik que se trouve la limite du monde civilisé et de la navigation relativement facile. Le danger réel commençait pour les explorateurs au moment même où ils distinguaient encore la petite église à pignons adossée à la colline. Au travers de la route se présentait une ligne épaisse de montagnes de glace, aussi variées de forme que de volume et à travers lesquelles il fallait se frayer péniblement un chemin.

« La tâche n'était pas aisée, dit Hayes : nous avions à louvoyer péniblement dans un interminable archipel d'icebergs, aussi variés de forme que de volume. A côté de blocs gigantesques, mesurant soixante-dix mètres de hauteur sur une base de près de deux kilomètres, on en voyait d'autres qui ne dépassaient pas les dimensions de la goélette : cathédrales gothiques aux clochers ruinés; prismes de cristal dont les pointes aiguës se dessinaient sur l'azur du ciel; lourdes figures géométriques d'une morne blancheur, à arêtes nettement coupées, sur lesquelles les cascades se précipitent à grand bruit, sans fin et sans nombre; en un mot, monts glacés aux formes les plus variées et les moins vraisemblables. Ils étaient si rapprochés, qu'à quelque distance ils paraissaient former sur la mer un immense revêtement. L'horizon en était encombré.

« Lorsque nous eûmes pénétré dans leur formidable enceinte, notre rayon visuel n'avait pas plus d'étendue que si nous eussions été enfoncés dans la plus épaisse futaie de la Forêt Noire. Le maître d'hôtel, poète égaré sur notre navire, sortait de la cuisine au moment où les glaces se refermaient derrière nous ; il s'arrêta un instant, jeta un mélancolique regard sur la trouée par laquelle nous avions pénétré, et replongea dans l'écoutille en murmurant d'après Dante :

En franchissant ce seuil, laissez-y l'espérance !

« C'était l'instant où les officiers réclamaient leur café à grands cris, et nous n'avons jamais été bien certains si la citation érudite du maître d'hôtel avait trait aux icebergs ou à la cabine de ces messieurs.

« Nous passâmes quatre jours à cheminer lentement dans les défilés de cet interminable labyrinthe ; nous y avancions à grand peine : la faible brise qui nous poussait vers le nord nous laissait souvent en calme plat, et pendant de longues heures nous maintenait immobiles au milieu d'un brouillard glacé, ou sous l'intense clarté d'un plein jour permanent.

« Cet état de choses avait sans doute le charme de la nouveauté pour la plupart d'entre nous, mais il ne nous apportait pas moins beaucoup de dangers et de soucis. Les montagnes de glace, obéissant surtout à l'impulsion des courants inférieurs, étaient stationnaires par rapport à nous ; le courant de la surface, qui nous drossait çà et là, en nous jetant en dehors de notre route, rendait la position du navire assez désagréable ; aussi nous apprîmes bientôt à regarder ces masses comme nos ennemis naturels et à nous en défier.

« Nous menions une étrange vie, et un peu de danger n'était peut-être pas le moindre attrait de ce monde d'enchanteresse beauté et de magnificence singulière.

« Comme détail caractéristique de la navigation de ces mers, l'aventure suivante peut bien valoir la peine d'être rapportée.

« Durant la nuit précédente, nous avions pu avancer de quelques kilomètres; mais, après le déjeuner, le vent tomba complètement, et notre bâtiment ne paraissait pas plus bouger qu'un soliveau. Nous ne pensions plus aux courants et tous les regards étaient tournés vers le sud, occupés à guetter le moindre symptôme de brise, lorsqu'on s'aperçut que le flot avait changé et nous portait sans bruit vers un groupe d'icebergs situés sous le vent.

« Nous dérivions précisément sur un de ceux que l'équipage avait baptisés du nom significatif de *ne me touchez pas!* Crevassé, brisé, creusé par le temps, il présentait en plusieurs endroits l'apparence d'un gâteau de miel. Le moindre choc, le moindre déplacement d'équilibre, pouvait déterminer l'éboulement de la montagne et écraser notre navire sous ses débris.

« Le courant nous entraînait avec une vitesse inquiétante, et pendant que nous mettions le canot à la mer, pour essayer de fixer notre câble à un bloc échoué à une centaine de mètres, nous rasions le bord de deux icebergs, dont l'un se dressait à plus de trente mètres au-dessus de nos mâts. A l'aide de gaffes[1], nous parvînmes à changer un peu la course de la goélette; mais, juste au moment où nous pensions avoir échappé à la collision redoutée, un remous nous fit encore dévier et nous jeta presque de flanc sur la masse flottante.

« Le navire toucha à tribord, et le choc, quoique assez léger, détacha des fragments de glace qui auraient suffi pour nous abîmer, si l'avalanche ne se fût pas précipitée un peu plus loin; quelques morceaux cependant tombèrent au milieu de nous sans atteindre personne. Quittant en toute hâte l'arrière, nous nous précipitâmes tous sur l'avant pour suivre

1. *Gaffe*, perche munie d'un croc de fer à deux branches, dont l'une est droite et l'autre courbe.

avec anxiété les manœuvres du canot remorqueur; l'iceberg commençait à tournoyer et s'avançait lentement sur nous, les éclats de glace pleuvaient plus épais sur l'arrière, le gaillard d'avant seul était encore épargné.

« Ce fut l'iceberg lui-même qui nous préserva de la destruction : une masse énorme, représentant douze fois au moins le cube de notre petit navire, se détachant de la partie immergée, s'abîma près de nous en faisant rejaillir d'immenses gerbes d'écume; cette rupture arrêta le mouvement de révolution, et le mont de glace reprit son équilibre dans la direction opposée. Nous allions nous réjouir, quand les grincements de la quille nous révélèrent un autre danger : une longue pointe de glace avançait horizontalement au-dessous de la goélette, et nous courions risque de chavirer ou d'être lancés en l'air comme une paume. Cependant les hautes parois de notre ennemi avaient cessé de se pencher sur nous, et la mitraille de glaçons qu'elles projetaient tombaient ailleurs que sur notre pont. Nous courûmes aux gaffes et, avec une vigueur que redoublait le péril, nous essayâmes d'éloigner le navire; tous les bras travaillaient : le danger ne permet pas de respecter la dignité du gaillard d'arrière.

« Accablés de fatigue, nous nous laissions gagner par le découragement, lorsque l'iceberg vint encore à notre secours : une détonation effrayante nous fit tressaillir et se répéta à de courts intervalles, de plus en plus rapprochés, jusqu'à ce que l'atmosphère tout entière ne parut plus que comme un réservoir d'épouvantables retentissements.

« Le côté opposé du géant s'était fendu; bloc après bloc s'écroulaient dans la mer, ébranlant la vaste masse et la renvoyant vers nous; le mouvement de rotation s'accélérait, les monstrueux grêlons recommençaient à tomber et, effrayés déjà par ce terrible spectacle, nous nous attendions, à chaque seconde, à voir la partie de l'iceberg la plus voisine de nous se détacher et nous entraîner dans sa chute; nous eussions été aussi inévitablement perdus que la cabane du berger sous l'avalanche des Alpes.

« Par bonheur, Dodge, qui manœuvrait le canot, avait réussi à implanter une ancre à glace et à y amarrer solidement son aussière[1]; il nous faisait le signal si impatiemment attendu : « Tirez sur le câble. » Il s'agissait de notre vie; nous halâmes longtemps et avec vigueur; les secondes étaient des minutes et les minutes des heures. Enfin la goélette s'ébranla lentement, majestueusement : l'iceberg s'éloignait, emportant notre grande vergue et rasant la hanche du navire; mais nous étions sauvés. A peine avions-nous franchi une vingtaine de mètres, que la masse glacée subissait la rupture tant redoutée : sa paroi la plus rapprochée de nous se déchirait avec un craquement effroyable et tombait lourdement dans la mer, nous couvrant de longues fusées d'écume et soulevant une vague qui, après nous avoir secoués comme l'aurait fait le souffle de la tempête, nous laissa, harassés d'émotions et de fatigues, au milieu des débris de cette ruine immense.

« A la fin, nous réussîmes à nous dégager et à nous placer assez loin pour contempler avec calme l'objet de notre terreur. Cela se balançait, cela se roulait comme un être vivant. A chacune de ses révolutions, de nouvelles masses se désagrégeaient, énormes avalanches qui se précipitaient en sifflant dans la mer écumante; quelques heures après, il n'en restait plus qu'un mince fragment, infime débris de sa grandeur passée, et les blocs qui s'en étaient détachés flottaient tranquillement, bercés par la marée.

« Faut-il attribuer ce qui suivit aux vagues créées par la dissolution de l'iceberg, aux chauds rayons du soleil ou à ces deux causes combinées? Je ne sais, mais toute la journée fut remplie par une suite prolongée de ruptures et de bris de glaces croulantes.

1. Cordage fait avec trois ou quatre torons. Le toron est un assemblage de plusieurs carets, gros fil servant à fabriquer les cordages pour la marine.

« Vers l'orient, la mer était semée de petites îles, taches noires sur les eaux resplendissantes. Des icebergs de toutes tailles se pressaient dans les canaux de cet archipel, jusqu'à ce que, dans le lointain, ils parussent se masser pour défendre l'accès d'une plaine neigeuse qui, se relevant en talus, se perdait vers l'horizon dans une étroite bande d'un blanc teinté de bleu.

« Du nord au sud, aussi loin qu'il pouvait s'étendre, le regard suivait cette ligne d'albâtre derrière les dentelures de la crête : nous reconnaissions la grande mer de glace qui, de l'est à l'ouest et du nord au midi, recouvre tout le continent groenlandais. Ses pentes blanches, inclinées vers le littoral, ne sont que les abords d'un glacier gigantesque, fleuve de cristal qu'elle jette à l'océan, et d'où étaient tombés, les uns après les autres, la plupart de ces icebergs au milieu desquels nous venions de passer de longues heures d'admiration et de terreur.

« Enfin le vent du sud ébranla les monts de glace et nous ouvrit notre dangereuse prison. »

Le 21 août, la goélette arriva à Tessuissak, nom qui signifie *lieu où se trouve une baie*. On y embarqua les chiens dont on avait encore besoin et ceux de l'interprète Jansen. Le docteur Hayes se trouvait alors à la tête de quatre attelages superbes : cinquante bêtes sauvages !

Dans la soirée du lendemain, on arriva à la baie de Melville.

Sur la carte, la baie de Melville apparaît comme une simple courbe de la côte du Groenland ; mais les marins lui donnent une extension beaucoup plus étendue. Ils appliquent ce nom à toute la portion de la mer de Baffin commençant au sud avec la *glace du milieu*, dont nous venons de parler, et se terminant vers les *eaux du nord*. Celles-ci se trouvent parfois près du cap York, par 76° de latitude, mais souvent on les rencontre plus haut, et la glace moyenne, désignée sous le nom de *pack*[1], les descend quelquefois jusqu'au cercle polaire.

1. Vaste étendue de glaces flottantes, de toute forme et de toute origine, plus ou moins entassées et soudées les unes aux autres.

NAVIRES BALEINIERS DANS LES EAUX DE LA BAIE DE MELVILLE.

Ce pack est formé par des glaçons flottants de dimensions fort variables et dont la longueur se mesure par kilomètres et par mètres, et l'épaisseur par pouces ou par brasses. Gouvernés par les vents et les marées, tantôt ils se pressent les uns contre les autres, ne laissant guère d'espace libre entre eux; tantôt ils sont séparés par de larges fissures. La brise ou les courants les poussent sans cesse vers tous les points cardinaux, et cette dangereuse barrière ne se franchit qu'au prix de bien des fatigues; souvent on met des semaines et des mois à la traverser.

Depuis 1616 que Baffin, montant *la Discovery*, petit navire de cinquante-huit tonneaux, pénétra le premier dans ces parages, ceux-ci, malgré tous leurs périls, ont été le champ de pêche favori des baleiniers, dont la flotte, qui comptait autrefois plus de cent voiles par an, est réduite aujourd'hui à dix ou douze. Plus d'un brave navire a sombré, écrasé sans merci entre ces glaces aux côtes de fer; mais ceux qui parviennent à échapper retournent au pays, chargés de l'huile des pauvres baleines que leur mauvaise fortune pousse vers le détroit de Lancastre, la baie de Pond ou les côtes qui s'étendent au-dessous.

La *glace du milieu* ne reste pas stationnaire et n'est jamais complètement prise, même au cœur de l'hiver.

A mesure que l'été s'avance, le pack se désorganise de plus en plus, jusqu'à ce que la solide ceinture adhérente aux côtes et qu'on nomme *tablette* et *fast*, ou *glace de terre*, soit elle-même entamée; il en reste cependant presque toujours une bande étroite jusqu'à la fin de la saison. Les baleiniers, naturellement désireux d'éviter la banquise, et, à leur exemple, les navires chargés d'explorations scientifiques, s'attachent opiniâtrément à suivre cette bande et essayent de se glisser vers le nord par la dernière crevasse entr'ouverte, « la passe du rivage », comme ils la nomment ordinairement. En effet, si le vent d'ouest pousse la glace sur eux, ils peuvent toujours ou scier un dock pour leur navire ou trouver une crique pour l'amarrer. Enfin, si par hasard la glace flottante a disparu et qu'il n'y ait point de bise, ils ont encore la ressource de le faire haler par l'équipage. (Il est très rare que, pour la pêche des baleines, on se serve de bâtiments à vapeur.)

Hayes ne pouvait plus maîtriser son impatience, il regrettait les étapes qu'il avait été obligé de faire aux établissements groenlandais. La saison s'avançait, le soleil de minuit ne brillait plus, les nuits commençaient à devenir sombres, et la vigilance était plus nécessaire que jamais.

La température était tombée au-dessous du point de congélation ; chaque nuit formait déjà une légère croûte de glace sur les mares d'eau douce ; tout au plus Hayes avait-il devant lui une quinzaine de jours utilisables. Il se rappelait que *le Fox*, malgré sa machine à vapeur, avait été complètement bloqué par la glace, le 26 août 1857, et l'on était au 22[1].

La goélette mit cinquante-cinq heures à traverser la baie de Melville et à atteindre les *eaux du nord*.

Laissons Hayes raconter cette rude navigation :

« Un seul regard jeté sur la carte de la mer de Baffin montre que la marche du courant du golfe forme, autour de la banquise, une sorte de lent tourbillon qui enferme les glaces et les empêche de descendre plus rapidement vers le sud. On comprend aussi que, vers la fin du mois d'août, les dimensions de la *glace du milieu* soient réduites de beaucoup : fondue par le soleil, érodée par les eaux, une grande partie

1. *Le Fox* fut expédié en 1857 par lady Franklin à la recherche des reliques funéraires des deux navires qu'avait commandés son mari, *l'Érèbe* et *la Terreur*, disparus depuis douze années. Il était sous les ordres du capitaine Mac Clintock. Le 6 mai 1859, sur les côtes nord-ouest de l'île du Roi-Guillaume, entre les caps Félix et Jane-Franklin, l'expédition découvrit, après des prodiges des persévérance, un cairn ou entassement de pierres sous lequel était un parchemin où on lisait que sir John Franklin était mort le 11 juin 1847. La dernière date qu'il portait était le 25 avril 1848. Les survivants allaient abandonner le lendemain leur navire et tenter de revenir à pied par les terres et les glaces. Ils étaient tous destinés à succomber dans leur entreprise.

a déjà disparu, et le reste se trouve dans un état de dissolution plus ou moins avancée. Cette époque serait donc très favorable pour la navigation, si l'approche de l'hiver ne devenait une source de dangers sérieux : lorsqu'on est ainsi au milieu des glaces, le premier abaissement de la température peut vous *engluer* pour dix mois. Aussi les baleiniers essayent-ils de traverser la barrière en mai ou en juin, et quelquefois plus tôt, quand la glace est encore dure et que la débâcle commence à peine.

« Huit jours seulement nous séparaient de la fin du mois d'août ; je regrettais plus que jamais mes inévitables étapes aux établissements groenlandais.

« Pendant que je songeais, le vent s'éleva et souffla grand frais ; la mer devint très houleuse derrière nous ; un nuage sombre, qui planait sur le sud depuis quelques moments, s'étendit au-dessus de nos têtes et, couvrant le ciel de ses lambeaux déchirés, nous inonda de vapeurs glacées qui se changèrent bientôt en trombes de neige. Impossible dès lors de rien voir à quelques mètres autour de soi : aussi m'empressai-je de redescendre du perchoir incommode dont m'avait servi la vergue de misaine.

« Quel parti prendre à présent ? Poursuivre notre route, ou mettre à la cape et attendre un temps plus favorable ? — Dans ce dernier cas, le navire, abandonné à lui-même, dériverait dans les ténèbres et courrait grand risque de heurter un iceberg isolé, ou les champs de glace qui ne pouvaient pas tarder à nous barrer le passage ; de plus, et c'était pour moi l'objection principale, nous ne profiterions pas de la bonne brise qui nous poussait rapidement vers le nord. — En continuant notre course, au contraire, il était à craindre, par cette atmosphère épaisse, que nous ne tombassions droit sur l'ennemi sans l'apercevoir à temps pour en détourner le navire. Mon irrésolution ne fut pas de longue durée : péril pour péril, je préférai celui où nous pouvions déployer notre énergie. Faisant donc prendre tous les ris, je dirigeai notre course sur le cap York[1].

« Je me promenai lentement sur le pont, en proie à la plus vive anxiété. Nous traversions une mer que pas un navire n'a parcourue sans y rencontrer les glaces ; avais-je à prétendre à une autre fortune ?

« Le brouillard était si intense qu'à peine je pouvais distinguer la vigie sur le gaillard d'avant. Parfois il s'élevait un peu et, sous le dais pesant de vapeurs sombres qui semblaient soutenues par les icebergs errants, mon regard portait sur la mer à une distance de plusieurs kilomètres. Puis la neige recommençait à tomber, la grêle bruissait, le vent sifflait à travers le gréement, et les lourdes vagues, déferlant sur nous, inondaient les ponts et menaçaient de nous engloutir : je n'oublierai jamais nos dix premières heures de la baie de Melville.

« Vers la fin de cette course folle et désordonnée, mon oreille, attentive au moindre son, saisit le clapotis de l'eau sur les brisants : un instant après, la vigie donnait l'alarme.

« De quel côté ?

— Je ne peux pas l'apercevoir, commandant. »

« Cependant le bruit se rapprochait. Tout à coup, un mont de glace projeta faiblement sa blancheur indécise au milieu du brouillard. Le temps de réfléchir nous manquait et il était trop tard pour nous détourner. En serrant le vent, nous précipitions de flanc la goélette sur l'obstacle. Sur quel point gouverner ? Nous l'ignorions : on ne distinguait pas les contours de la montagne, seulement on entrevoyait une énorme lueur et une ligne de brisants couverts d'écume.

« Je l'ai toujours pensé : quand on ne sait à quoi se ré-

1. Les *vergues* sont les longues pièces de bois rondes et attachées en travers des mâts pour soutenir les voiles ; celle de misaine est attachée au mât de ce nom, qui est à l'avant du navire, près du mât de beaupré. — La *cape* est la position du navire en travers du vent avec fort peu de voiles ouvertes. — *Prendre les ris*, c'est raccourcir les voiles au moyen des petites cordes ou *garcettes* passées dans les *ris* ou œillets qui se trouvent dans la voile au-dessous de la vergue.

soudre, le plus sûr est de ne rien faire, et, dans les circonstances présentes, ce fut notre salut. Si j'avais obéi à ma première impulsion et mis la barre au vent, nous courions vers la ruine. Au contraire, nous glissâmes tout près de l'affreux monstre, en échappant à une collision qui aurait été immédiatement fatale à notre pauvre navire et à tous ceux qui le montaient; la vergue de misaine en effleura le bord, le mur de glace nous couvrit de son embrun et, quelques instants après, l'iceberg rentrait dans les ténèbres d'où il avait émergé si soudainement.

« Rasés de près, dit maître Dodge, toujours de sang-froid.

— Très..... très près, » grelotta Starr, frissonnant encore, comme s'il venait de recevoir une douche glacée.

« Le vieux cuisinier avait été sommé de comparaître sur le pont pour aider à la manœuvre, et au milieu de la terreur générale, on l'entendait murmurer : « Je voudrais savoir comment le dîner de ces messieurs sera prêt si on me dérange comme cela pour tirer des câbles! » — Le bonhomme ne se doutait guère qu'un instant auparavant *ces messieurs* pensaient ne plus avoir jamais besoin de ses services.

« De cette aventure, notre équipage tira la plus aveugle confiance : deux boulets, à ce qu'on dit, ne tombent jamais au même endroit, et sans doute nos gens supposaient qu'il en est ainsi des icebergs. Quoi qu'il en soit, tout alla bien. Maintes fois la vigie cria : « Brisants à l'avant! » mais un examen plus attentif nous montrait les glaces à droite ou à gauche, et nous passions sans avaries. Puis le vent tomba peu à peu, la neige cessa, les nuages se dissipèrent et le soleil reparut. Pendant que les hommes secouaient le gréement et déblayaient le pont couvert de grêle et de givre, je remontai avec ma lunette : on ne voyait plus de champs de glace, mais ils se reflétaient encore sur le ciel occidental[1].

1. La réverbération des glaces blanchit l'horizon et donne à l'atmosphère une apparence particulière, que les Anglais appellent *ice-blinck*.

« C'était merveille d'avoir à si bon compte traversé cette chaîne de montagnes de glace : la mer en était semée. »

En longeant la côte, près du cap York, Hayes aperçut, au sommet d'une falaise, un groupe d'êtres humains faisant force signes pour attirer son attention. S'étant approché dans un canot, il reconnut un chasseur groenlandais, nommé Hans, qui avait été engagé autrefois par Kane et qui, au bout de deux ans, l'avait quitté pour aller se marier chez les Esquimaux sauvages habitant les rives septentrionales de la mer de Baffin.

Cet individu, devenu lui-même absolument sauvage, reconnut également les docteurs Hayes et Sonntag et les appela par leurs noms [1].

Six ans de séjour parmi les naturels de cette côte désolée l'avaient entièrement abaissé au niveau de leur laideur repoussante. Il était accompagné de sa femme, portant son premier-né sur son dos dans un capuchon de cuir ; de son beau-frère, jeune garçon au regard vif et brillant, et de sa belle-mère, « vieille commère à la langue bien pendue ». Ils étaient tous vêtus de peaux.

« A travers des rochers abrupts et de hauts amas de neige, dit Hayes, Hans nous conduisit à sa tente, située sur une colline escarpée, à une soixantaine de mètres au-dessus du

1. Voici comment Kane, dans ses *Explorations arctiques*, parle de ce personnage :

« Au moment de notre départ, Hans nous faisait défaut depuis deux mois. Il était parti pour Etah, sous le prétexte d'y commander une paire de bottes, dont il avait grand besoin, à une vieille Esquimaude fort experte en semblables confections ; mais d'Etah il avait poussé plus loin, jusqu'à Peteravik, où résidait une petite créature assez jolie pour la race dont elle sortait et le sol qui l'avait nourrie... Tout le long de la côte, sur la route de notre retour, je m'informai du déserteur et, si les réponses recueillies différaient quant aux détails, elles avaient toujours le même fond. Mon fidèle Hans (je devrais dire maintenant l'infidèle) avait été vu se dirigeant de Peteravik, vers le sud, en traîneau indigène, avec une jeune fille à ses côtés et ne cachant pas son intention d'aller fonder un fief indépendant à Ouwarrow Souk-Souk, sur les bords de l'entrée de Murchison. — Hélas ! hélas ! pauvre Hans ! homme marié ! »

niveau de la mer; position étrangement incommode pour un pêcheur, mais très convenable pour un poste d'observation. C'est là que, pendant de longues années, il avait guetté le navire tant désiré; les étés s'enfuyaient et Hans soupirait toujours après sa patrie et les amis de sa jeunesse. La tente était un assez triste logis à l'esquimaude, en cuir de phoque et à peine assez large pour abriter la petite famille qui se pressait autour de nous.

« Hans voudrait-il venir avec moi?

— Oui.

— Avec la femme et le marmot?

— Oui.

— Voudrait-il venir sans eux?

— Oui. »

« Je n'avais pas le loisir d'examiner à fond l'état de son esprit, et sachant, par ouï-dire, que la séparation de deux époux est un évènement regrettable, je donnai à la jeune femme le bénéfice des conventions de notre monde civilisé, en l'emmenant à bord avec le mari, le poupon, la tente et tous leurs pénates. La vieille et le jeune drôle aux yeux noirs criaient et voulaient nous suivre; mais n'ayant point assez de place pour tout ce monde, je les abandonnai aux soins du reste de la tribu, qui pouvait compter une vingtaine de personnes. Ces Esquimaux accouraient joyeusement sur la colline; je leur distribuai quelques cadeaux et retournai vers le navire.

« La placidité de maître Hans n'avait pas été un seul instant troublée. Il eût certainement été tout aussi satisfait de laisser sa femme et son enfant à leur sauvage parenté, et, si je l'avais alors connu tel que j'appris plus tard à le faire à mes dépens, je n'aurais pas perdu quelques heures à interrompre le cours de sa barbare existence. Hans était dans la jubilation et le laissait voir autant que le permettait sa stupide nature. Sa femme montrait un curieux mélange d'orgueil et d'ébahissement ; tout écrasée par l'imprévu de sa nouvelle situation, elle semblait avoir contracté une grimace chronique. Quant au marmot, il criait, hurlait, riait, comme tous ceux de son âge.

« Armés de seaux d'eau chaude, de savon, de peignes, de ciseaux, les matelots se mirent en devoir de préparer ces intéressants personnages aux chemises rouges et aux autres élégances de la civilisation ; cette partie du programme les ravissait d'aise : ils se pavanaient sur le pont avec l'air d'importance comique de nos petits garçons, le jour de leur première culotte ; mais hélas ! terribles choses que l'eau et le savon !... La femme, que les préparatifs avaient d'abord mise en belle humeur, se prit à pleurer et à demander à son mari si c'était là un rite de la religion des hommes blancs. L'expression de son visage indiquait qu'elle n'y voyait qu'un mode de torture. La cérémonie faite, le matelot qui remplissait le rôle de chambellan, et ne paraissait pas très enthousiaste de cet accroissement de notre famille, les fourra pour la nuit parmi les toiles et les câbles des écubiers, tout en grommelant à demi-voix : « Là, du moins, ils seront utiles à quelque chose, ils serviront de doublure à nos bossoirs [1]. »

La goélette se dirigeait vers le détroit de Smith, qui sépare le Groenland de la terre de Grinnell.

Le 28 août, à l'aube, on aperçut, à une distance d'environ trente-six milles, le cap Alexandre, dont les hautes falaises se dressent à l'entrée du détroit de Smith, et, sur la rive opposée de la terre de Grinnell, le cap Isabelle, distant du cap Alexandre de soixante-quatre kilomètres de mer.

Un bon vent poussait le navire vers ce dernier cap, objet du désir de Hayes, lorsqu'il fut arrêté par une immense ban-

1. *Écubiers*, trous ronds percés à l'avant du navire pour laisser passage aux amarres des ancres. — *Bossoir*, pièce de bois, forte et saillante, qui sert à manœuvrer les ancres et sous lesquelles on pose les sentinelles chargées, la nuit, de veiller à la sûreté du bâtiment.

quise. C'était un pack composé des plus énormes champs de glace que l'on eût encore rencontrés. Il paraissait interminable, et l'on ne découvrait plus d'espace libre dans la direction du cap Isabelle. On fut obligé de descendre au sud-ouest pour chercher un chenal conduisant vers le nord.

A midi une tempête affreuse se déchaîna, ne laissant au docteur d'autre alternative que de tâcher d'atteindre le cap Alexandre pour y trouver un abri.

La situation du navire devenait de plus en plus critique. La côte, qui ne l'abritait que par intervalles, avait un aspect sinistre; les falaises, d'une hauteur de trois cents mètres, et les montagnes qui les dominent, étaient couvertes de neige récemment tombée. L'ouragan la roulait par-dessus les crêtes et la précipitait sur la goëlette en lourds tourbillons.

« Impossible, écrit le docteur Hayes, de voir une scène plus magnifiquement terrible que celle qui se déploie autour de nous. — La tempête continue à se ruer sur nous avec la même colère; les blancs talus du cap Alexandre s'éclairent d'une lueur sinistre et se découpent sur le nuage sombre qui couvre le ciel du Nord; au-dessus des falaises roulent et bondissent des flots immenses de neige amoncelée; les tourbillons l'enlèvent des cimes des rochers et la font tournoyer follement dans les airs; chaque ravin, chaque gorge en verse à l'océan des torrents épais qui, dans leur chute tumultueuse, ressemblent à l'embrun d'une cataracte gigantesque...

« Mais c'est la mer surtout qui est étrangement sauvage et d'une terrible splendeur. Autour du cap elle ne forme plus qu'une vaste étendue d'écume blanchissante; l'eau, fouettée par l'ouragan, rejaillit en gerbes immenses et retombe avec bruit sur les hauts sommets des icebergs.

» Quel contraste entre le froid, l'horreur, le fracas du dehors, et la douce chaleur, le calme qui règnent autour de moi! J'écris dans la chambre des officiers; le poêle est chauffé au rouge; la bouilloire chante sa familière chanson; Jansen

LE CAP ALEXANDRE.

(l'interprète) lit; Mac Cormick (l'officier de manœuvres), Radcliffe (l'aide astronome) et Knorr (le secrétaire) dorment profondément. Le cuisinier nous apporte le café en chancelant. Le pauvre garçon a eu bien du mal à arriver jusqu'à la cabine, sur les ponts glissants.

« Je suis tombé plus d'une fois, me dit-il; mais le commandant voit que je n'ai pas renversé le café. Ah! il est fort, il est bon, il est chaud! D'un coup, il descendra jusqu'au fond de vos bottes.

— Mauvaise nuit sur le pont, maître coq!

— Oh! c'est affreux, monsieur. Je n'avais jamais vu si rude souffle de vent, et je navigue depuis quelque quarante ans! Et il fait si froid, si froid! La cuisine est pleine de glace, et l'eau a gelé sur mon fourneau!

— Tenez, cuisinier, voici une jaquette de laine bien épaisse, un vrai Guernesey; cela vous garantira du froid.

— Merci, monsieur, » et il part avec sa conquête; mais, encouragé par cette réception, il s'arrête au pied de l'escalier : « Le commandant serait-il assez bon pour me dire où nous sommes? Ces messieurs se gaussent de moi.

— Certainement, maître coq. La terre que vous voyez du pont est le Groenland. Ce grand cap est le cap Alexandre; au delà se trouve le détroit de Smith, et nous ne sommes qu'à quinze cents kilomètres du pôle Nord.

— Le pôle Nord! qu'est-ce que c'est que ça? »

« Je le lui expliquai de mon mieux.

» Merci, monsieur, mais pourquoi y allons-nous? pour la pêche?

— Non, mon ami, pour la science.

— Oh! voilà donc! Et ils me disent que c'est pour la pêche! Merci, monsieur. »

« Et replaçant son bonnet crasseux sur sa tête chauve, qui n'en est pas beaucoup plus savante après ma réponse, il rentre en trébuchant par l'échelle du dôme en pleine tempête. Quelques lousties du bord avaient entretenu le bonhomme dans la pensée que nous allions pêcher des phoques.

« Le matin du 31 août, j'ai essayé d'atteindre le cap Isabelle, mais je n'ai fait que longer le pack jusqu'à l'endroit même où il nous avait déjà détenus. Quelques flaques d'eau libre s'étendaient encore au milieu; pourtant nous n'avons pas réussi à traverser la glace qui nous en séparait. La seule chance qui me reste est de suivre les côtes du Groenland, de m'attacher, pour ainsi dire, à la glace de terre et de profiter des moindres passages que le vent a pu pratiquer dans le détroit, pour tâcher de parvenir enfin sur le rivage opposé. Je ne désespère pas d'y arriver, quoique, au premier abord, les difficultés paraissent insurmontables, vu l'énorme quantité de glace amoncelée par les vents. J'ai l'œil sur Fog Inlet (l'Entrée du Brouillard), à trente-six kilomètres au-dessus du cap Alexandre, et j'essayerai d'atteindre ce point pour y recommencer ma tentative.

« Le vent fraîchit maintenant et, sous les voiles aux bas ris, nous avançons quelque peu. Mes pauvres matelots font une triste besogne : il est presque impossible de manier les câbles raidis ; au-dessus de la ligne de flottaison, le navire est entièrement cuirassé de verglas. Trois de nos chiens sont morts, tués par le froid et par l'humidité.

« 1er septembre, huit heures du soir. — Nous avons encore été chassés du détroit. La brise soufflait avec violence et, en virant de bord pour éviter un iceberg, la vergue de misaine s'est cassée par le milieu; incapables de porter d'autre toile qu'une voile d'étai aux bas ris, nous avons encore une fois été forcés de chercher un abri derrière notre ancien protecteur, le cap Alexandre. Mac Cormick raccommode tant bien que mal nos avaries et prépare le bâtiment pour de nouveaux combats.

« Deux jours après, nous avions réussi à nous glisser dans un espace triangulaire formé par le contact de trois champs de glace et, quoique tout à fait renfermés, nous pouvions nous tourner en pleine liberté et nous croire à l'abri d'un danger immédiat; mais, les coins des glaçons protecteurs étant bientôt emportés, notre petit havre se rétrécit peu à peu; enfin, consternés, à bout d'espoir, nous écoutions les grincements, les craquements horribles de la glace, nous en suivions les progrès avec terreur; elle approchait, elle touchait le navire.

« Celui-ci gémit, comme un mourant dans sa dernière agonie, et, tremblant dans chacune de ses membrures, depuis les pommes des mâts jusqu'à la quille, il se tordit et se débattit comme pour échapper à cette formidable étreinte. Ses flancs allaient céder; les rivures du pont se courbèrent en dessus et les coutures des bordages s'ouvrirent.

« Je la crus perdue, cette pauvre goélette qui nous avait si bravement portés au milieu de tant de dangers; mais ses murailles étaient solides et ses couples résistants. La glace à bâbord, agissant peu à peu sur ses œuvres vives, détermina une secousse qui nous fit tous chanceler et souleva le navire; les glaçons s'amassaient, se pressaient toujours; de leurs débris se formait graduellement un entassement immense autour et au-dessous de nous; et comme si un millier d'énormes crics eussent à la fois travaillé sous le bâtiment, nous le sentions s'élever doucement au-dessus de la surface de la mer. Je craignais maintenant qu'il ne finit par se coucher sur le côté, ou que les masses qui se dressaient au-dessus de notre accastillage[1] ne vinssent à s'écrouler et, retombant sur le pont, ne nous ensevelissent sous leurs décombres.

« Huit mortelles heures se passèrent dans ces angoisses.

« Par bonheur cette terrible torture finit par se relâcher : l'ennemi s'éloigna en tournant sur lui-même; la pression cessant tout à coup, le navire retomba dans l'eau en arrière et de droite à gauche. Il fut longtemps agité d'un roulis formidable,

1. L'*accastillage* est la partie la plus élevée des deux côtés d'un navire dans son pourtour.

pendant que la glace, cherchant à retrouver son équilibre, plongeait avec bruit dans la mer et se vautrait près de nous avec une sauvage énergie.

« Délivrés enfin du péril le plus immédiat, nous fîmes tout notre possible pour nous dégager au plus vite des débris de cet affreux champ de bataille. Notre premier soin fut d'examiner sommairement les avaries du bâtiment : la cale se remplissait d'eau à vue d'œil, le gouvernail était fendu, il avait deux aiguillots cassés ; l'étambot était enlevé, et des morceaux de l'étrave et de la quille flottaient le long du bord. Suivant toutes les probabilités, nous étions en voie de sombrer ; aussi devions-nous avant tout recourir aux pompes.

« Nous restâmes plusieurs heures au milieu des glaces, torturés par le doute et l'incertitude : nous ne pouvions manœuvrer qu'avec les plus grandes précautions ; notre navire, dans son état déplorable, exigeait des ménagements infinis, car il n'aurait pu supporter de nouveaux chocs. Impossible d'aller en avant à cause de la banquise. Nous étions donc absolument forcés d'aller vers le rivage et d'y chercher un abri. Le gouvernail était hors de service, et nous fûmes obligés de nous diriger à l'aide d'un long espar godillant à l'arrière[1].

« Le vent soufflait de plus en plus de l'est en dispersant les glaces autour de nous ; quoique par moments nous fussions tout à fait bloqués et même une fois étroitement *pincés*, nous parvînmes, en profitant des occasions et des moindres fissures, à nous glisser en dehors de la banquise. Enfin, après vingt heures d'anxiété, nous arrivâmes dans une mer relativement ouverte. »

Ce fut le 3 septembre seulement que Hayes parvint à doubler le terrible cap Alexandre. Contrairement à l'espé-

1. *Aiguillots*, pièces qui entrent dans la construction du gouvernail. — *Étambot*, pièce de bois qui soutient le gouvernail. — *Étrave*, pièce courbe qui forme la proue. — La *quille*, longue pièce qui forme l'appui inférieur de toutes les membrures d'un navire. — *Espar*, mâtereau de neuf à dix mètres de long.

rance conçue d'aller hiverner sur la côte occidentale du détroit de Smith, ce qui entrait dans ses plans d'avenir, il dut chercher un ancrage dans la baie de Hartstene, où il entra heureusement. Se faufilant à travers un groupe d'îles déchiquetées qui en barrent le fond, il jeta l'ancre dans une jolie petite anse et amarra la goélette aux rochers. Il donna à ce lieu de refuge le nom de port Foulke, en l'honneur de William Parkes Foulke, de Philadelphie, l'un des premiers avocats et des plus fervents soutiens de son entreprise.

A peine le petit navire, disloqué par la tempête et le choc des glaçons, y était-il en sûreté, que la banquise vint s'appuyer sur l'entrée du havre et l'y retint bloqué pour un long hivernage.

« L'équipage, dit Hayes, avait manœuvré avec un zèle mêlé d'anxieuse incertitude; aussi, lorsque j'annonçai mon projet d'hiverner dans ce lieu, mes gens accueillirent cette communication avec la plus grande joie. Ils avaient cruellement souffert et un long repos leur était indispensable. Ils voyaient depuis plusieurs jours, et je l'avais lu sur leurs visages avant de vouloir me l'avouer, qu'il était décidément trop tard pour cette année; mais certes, si nous eussions encore eu le moindre espoir de réussir à traverser le détroit, ma vaillante petite troupe m'aurait suivi dans ces nouvelles luttes avec son énergie et sa gaieté accoutumées. »

CHAPITRE III

HIVERNAGE AU PORT FOULKE.

Le port Foulke, situé à quinze kilomètres du cap Alexandre, est une petite crique bien abritée des vents, enfoncée dans une chaîne de rochers escarpés, à l'aspect lugubre, formant des falaises de syénite[1] d'un brun rouge sombre, et s'ouvrant par une série de terrasses au fond de la baie. A son entrée, du côté du sud, se trouvent trois petits îlots auxquels Hayes donna les noms de trois de ses compagnons, Knorr, Radcliffe et Starr.

Avant que la glace se fût complètement refermée derrière le navire, le docteur, qui n'en était pas à son premier voyage arctique, s'occupa de tout préparer pour l'hivernage.

On commença par transporter la cargaison sur le rivage et par la déposer sur un des terrains inférieurs, à une dizaine de mètres au-dessus de la marée haute, dans un magasin fait de pierres sèches et recouvert de vieilles voiles. Puis on prépara la goélette pour son long sommeil d'hiver. Les voiles furent détachées, les vergues[2] descendues, les extrémités des mâts bien enveloppées. Le pont fut couvert d'un toit de planches formant une chambre 2^{m},40 de hauteur au faîte et de 2 mètres sur les côtés ; une tenture de papier goudronné en cachait tous les joints ; quatre fenêtres servaient à la ventilation et donnaient

1. Sorte de roche granitique.
2. Pièces de bois léger qui portent les voiles.

accès à la lumière (la longue nuit arctique n'était pas encore commencée). La cale [1], planchéiée, raclée, lavée à l'eau de chaux, fut convertie en cabine pour l'équipage; on installa le poêle de la cuisine au centre de la pièce, sous la grande écoutille, à laquelle fut adapté un appareil pour fondre la glace et la neige; c'était simplement un long cylindre double, en fer galvanisé et chauffé par la cheminée du fourneau; un énorme baril recevait l'eau claire et très pure qui en découlait sans cesse. La fondeuse, comme on la nommait, fournissait largement à tous les besoins du bord.

MM. Sonntag, Radcliffe, Knorr et Starr furent chargés des recherches scientifiques; Jansen, Hans et Peter formèrent le corps spécial des chasseurs.

Les travaux d'appropriation furent terminés le 1er octobre; l'on célébra cette circonstance par un banquet où figuraient un saucisson d'Upernavik, un cuissot de renne, des gibelottes de lapin et des pâtés de gibier.

« En vérité, dit Hayes, l'état de notre commissariat aux vivres nous rassurait contre la venue de l'hiver. Accrochés aux haubans transformés en étal, une douzaine de rennes attendaient leur tour, et nombre de lapins et de renards étaient suspendus aux agrès. L'appétit formidable et les estomacs vigoureux que nous assurait l'air vivifiant et nos rudes labeurs, pouvaient se déclarer satisfaits du présent et confiants dans l'avenir.

« Nos Nemrods revenaient rarement *bredouilles* : ils rencontraient fréquemment des troupeaux de quinze à cinquante rennes, et Jansen, qui pendant plusieurs jours campa sur le terrain de chasse, avait déjà *caché*, selon la méthode esquimaude [2], la chair d'une vingtaine de ces animaux, sans comp-

1. Fond ou partie la plus basse de l'intérieur d'un navire.

2. Cette méthode *esquimaude* a été, dès l'abord, pratiquée par les Canadiens français ; en tout cas, elle est désignée dans toute l'Amérique du Nord par les mots *cache* et *cacher*, qui sont bien français.

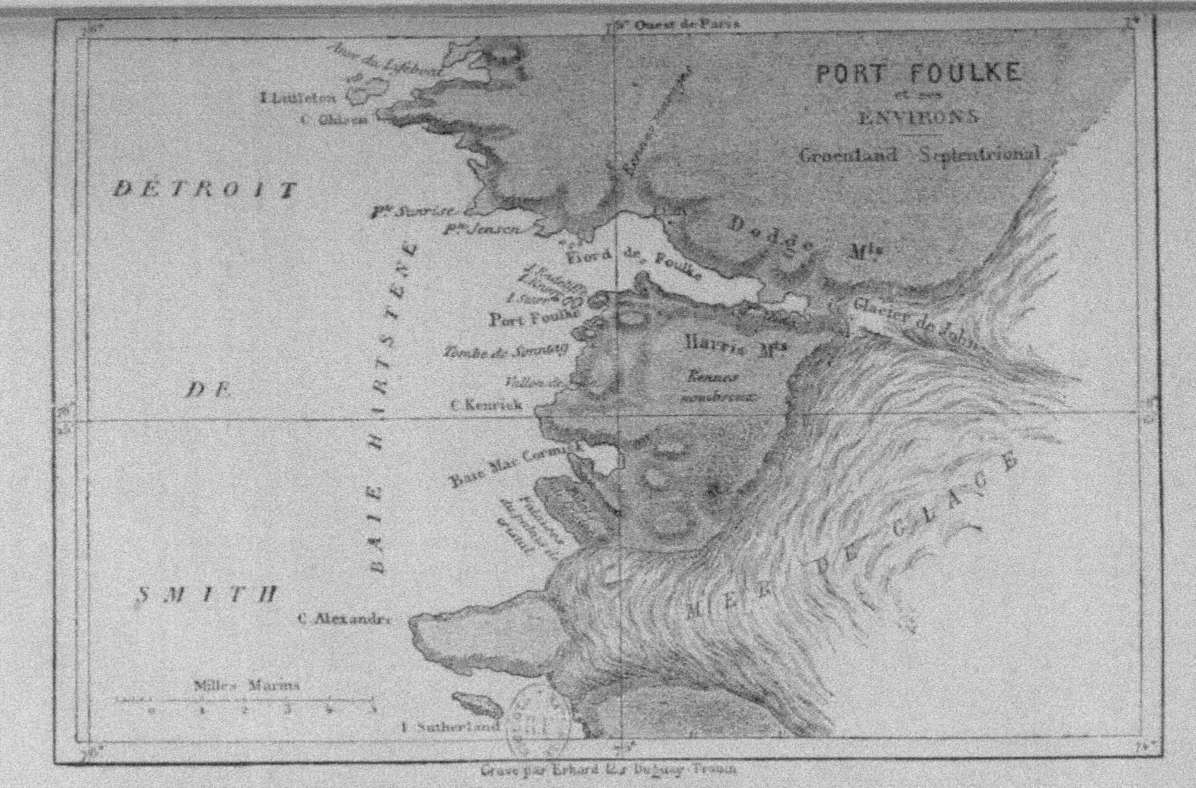

Gravé par Erhard R. Duguay-Trouin

PORT FOULKE ET SES ENVIRONS.

ter tous ceux qu'il expédiait à bord; moi-même j'en tuai trois dans une heure.

« Toutes ces provisions n'étaient pas de trop, car nos chiens y faisaient de terribles brèches. Nous conformant à l'usage indigène, nous ne leur donnions à manger que tous les deux jours; mais les privations et les fatigues du voyage avaient sans doute accru leur voracité naturelle, et il ne leur fallait pas moins d'un renne à chaque repas.

« La situation du bâtiment était assurément fort inquiétante, désespérée même dans l'esprit de quelques-uns; mais ce grave souci, non plus que nos plongeons répétés lorsque la glace se brisait sous nos pieds, ne pouvait rien sur l'inaltérable bonne humeur de tous. Je dois cependant en excepter deux individus possédés d'une gravité vraiment burlesque, qui ne les mettait guère en état de nous rendre de bons services. L'un d'eux, avec le plus grand sérieux et une somme énorme d'énergie mal dirigée, se mit un jour à découper à la hache mon meilleur grelin de 23 centimètres[1], qui ne faisait mal à personne; tandis que l'autre, également solennel, cassait mes rames en repoussant des éclats de glace qui ne nous gênaient en rien. Seul avec son courage, et armé d'un mât à mesurer les marées, instrument qui avait coûté deux jours de travail à Mac Cormick, il s'efforça d'éloigner la goélette des rochers qui la menaçaient de leur voisinage. Le malheureux n'échappa à la juste colère de l'officier de manœuvres qu'en se précipitant dans la mer à la suite des débris qu'il avait faits. Il se débattait dans l'eau glacée, pendant qu'on le consolait en lui criant que les crustacés auraient à préparer un beau squelette pour la collection du commandant. La température heureusement ne dépassait guère le point de congélation, et l'aventure finit sans autre résultat qu'une légère pleurésie pour un des sauveteurs et quelques accès de rhumatisme pour le destructeur de mes rames.

1. *Grelin*, cordage dont la grosseur n'excède pas 28 centimètres.

LA GOÉLETTE « LES ÉTATS-UNIS » HIVERNANT AU PORT FOULKE.

« Le succès vint enfin couronner nos efforts et mettre un terme à nos longues anxiétés pour le navire : une fois de plus, il fut en sûreté.

« Le jour suivant, les grelins au moyen desquels nous étions amarrés furent enlevés avec précaution et posés sur des blocs de glace; nous taillâmes, dans cet albâtre polaire, un escalier descendant du pont à la plaine gelée; et une épaisse chute de neige nous fournit les matérieux d'un mur dont nous entourâmes le bâtiment pour le préserver du vent et des froids excessifs. Les attelages étaient incessamment occupés à recueillir les rennes qu'on avait cachés en divers endroits, et lorsque tout fut rapporté à bord, nous pûmes regarder avec un certain contentement notre provision d'excellentes viandes fraîches. »

La goélette dormant chaudement dans son berceau de glace, il n'était plus besoin de service de bord; le quart[1] de terre, un officier et un matelot, était parfaitement suffisant et répondait à toutes les éventualités.

On s'avançait vers la ligne qui sépare la lumière de l'été de la sombre obscurité de l'hiver polaire. La journée ordinaire, qui commence à minuit, remplaça la journée de mer, qui commence à midi. Pendant les cinq dernières semaines, les soucis et les travaux avaient empêché les explorateurs de s'apercevoir du déclin du jour; mais, le 15 octobre, le soleil disparut pour quatre mois derrière les collines méridionales, et la morne nuit arctique, qui succédait aux ombres grandissantes, leur fit, pour la première fois, comprendre qu'ils se trouvaient véritablement seuls dans les déserts du pôle.

Le docteur Hayes se sentit envahi par une insurmontable tristesse, que partageaient d'ailleurs, tous ses compagnons, mais qu'il ne tarda pas à secouer. Ses arrangements pour la discipline et l'économie domestique de son équipage étaient

1. Garde du bâtiment pendant un espace de temps déterminé.

terminés, et neuf heures de crépuscule lui permettaient encore de se lancer dans quelques courtes excursions.

Le 16 octobre, conduit par Jansen, il remontait un petit fiord (golfe) de dix kilomètres de longueur sur une largeur de trois à six kilomètres, situé au nord du port Foulke, formant l'échancrure la plus orientale de la baie de Hartstène, et auquel il donna le nom de fiord de Foulke.

Son traîneau groenlandais était attelé de douze chiens en parfaite santé et courant avec une célérité, telle qu'ils franchirent onze kilomètres en vingt-huit minutes, sans s'arrêter pour souffler. Le même parcours, au retour, s'accomplit en trente-trois minutes.

« Les chiens esquimaux, dit Hayes, n'ont besoin d'être ni bouchonnés, ni épongés. On les attelle au moyen d'un seul trait de dimension variable; les plus longs sont les meilleurs, ils ne s'emmêlent pas si facilement; le tirage des chiens placés sur les côtés en est beaucoup plus direct, et si vos coursiers vous entraînent sur la glace amincie, vos chances d'échapper au plongeon sont en proportion de la distance qui vous sépare d'eux. Les traits étant ordinairement de même longueur, les chiens courent côte à côte, et s'ils sont bien attelés, leurs têtes se trouvent sur la même ligne droite; les épaules des miens sont juste à six mètres de la partie antérieure des patins de mon traîneau. Les animaux les moins vigoureux sont placés au milieu et l'attelage entier est dirigé à droite ou à gauche, suivant le côté où le bout du fouet touche la neige ou frappe les chefs de file, s'ils n'ont pas tout de suite compris l'avertissement. On s'aide bien de la voix, mais ce n'est que sur le fouet qu'on peut réellement compter, votre influence sur l'attelage étant en raison directe de la manière dont vous savez le manier. Le fouet esquimau a toujours $1^m,21$ de plus que les traits et se termine par une mince lanière de nerf durci, avec laquelle un habile conducteur fait couler le sang à volonté; il sait même indiquer d'avance l'endroit où il touchera le réfractaire. Pendant notre course d'aujourd'hui, Jansen me montrait un jeune chien qui venait de mettre sa patience à une rude épreuve. « Vous voyez cette bête, me disait-il en mauvais anglais; je prends un morceau de son oreille! » Et, comme il parlait encore, le fouet claquait dans l'air, le nerf s'enroulait autour du petit bout de l'oreille et l'enlevait aussi proprement que l'eût fait un couteau. »

Ce fouet n'est autre chose qu'une mince bande de cuir de phoque non tanné et plus large à son extrémité antérieure; le manche a tout au plus $0^m,75$; le peu de poids de cet instrument le rend très difficile à manœuvrer, et le mouvement de poignet nécessaire pour enrouler la courroie autour du but est singulièrement pénible et demande de longs et patients exercices.

Entre tous les durs métiers, il n'en est pas de plus rude : le fouet doit sans cesse retentir, et s'il n'est impitoyable, il devient complètement inutile. Les chiens ne sont pas longtemps à reconnaître la force ou la faiblesse de leur conducteur : ils le jugent en un instant et courent où il leur plaît, dès qu'ils ne sont pas parfaitement assurés que leur peau est à la merci du maître. Un renard traverse la glace, les chiens trouvent les traces d'un ours; ils éventent un phoque ou aperçoivent un oiseau; alors les voilà franchissant les neiges amoncelées et les *hummocks*[1]; ils dressent leurs courtes oreilles, relèvent en trompette leur queue touffue et s'élancent comme autant de loups à la poursuite du gibier. Le fouet tombe sur eux avec une énergie cruelle: oreilles et queues de s'abaisser, chiens de rentrer dans la bonne voie; mais malheur à l'homme qui se laisse déborder!

« Jansen lui-même, dit Hayes, faillit avoir le dessous et n'a pu vaincre leur obstination qu'après avoir arraché un gémissement de douleur à presque tous les chiens de l'attelage.

1. Les *hummocks* sont les vides, les sillons et les aspérités que forment les glaçons brisés et superposés par la collision des champs de glace.

ls couraient après un renard et nous menaient droit sur la glace nouvelle ; le vent renvoyait le fouet à la figure du conducteur; ce ne fut qu'en pleine vue du gibier, et tout près de la glace semée de périls, qu'il parvint à avoir raison d'eux. Le galop furieux se changea d'abord en trot irrégulier et, fort à contre-cœur, nos chiens finirent par s'arrêter tout à fait ; ils étaient naturellement de très méchante humeur ; un combat général s'en suivit et ne cessa que lorsque Jansen, sautant au milieu d'eux, les calma en frappant violemment à droite et à gauche avec le manche de son fouet.

« J'ai eu moi-même à lutter avec ledit attelage, et, à mes propres dépens, j'ai appris combien ces animaux sont rudes à mener, presque indomptables vraiment. Une fois maîtrisés, ils obéissent comme un cheval ardent sous la main qui le comprime et, comme ce noble animal aussi, ils ont souvent besoin qu'on leur rappelle très positivement à qui ils ont affaire.

« Désirant essayer mes forces, j'avais voulu faire le tour du port. Le vent soufflait arrière, et tout allait à merveille; mais, quand il fallut revenir, les chiens ne se trouvèrent pas de mon avis : ils ne détestaient rien tant que de marcher vent debout. Frais et gaillards, ils se sentaient en gaieté et tout disposés à agir à leur tête : je pense aussi qu'ils voulaient fixer leur opinion sur le nouveau conducteur qui se mêlait de les diriger. Du reste, nous étions assez bons amis; je les caressais souvent, mais ils n'avaient pas encore éprouvé la force de mon bras.

« Après beaucoup de difficultés, je réussis à faire tourner mes chiens, mais je ne pouvais les retenir dans la voie que par le constant usage du fouet, et comme, trois fois sur quatre, le vent me le renvoyait dans les yeux, il me fut bientôt impossible de continuer. La bise me glaçait le visage : mon bras, peu habitué à un aussi violent exercice, retomba presque paralysé; la longue courroie du fouet traînait derrière moi sur la neige. Les chiens ne furent pas longtemps à s'apercevoir de cet état de choses ; ils regardèrent sournoisement par-dessus leurs épaules et, ne voyant plus la vengeance suspendue sur leurs têtes, ils s'aventurèrent doucement vers la droite ; leur courage s'accroissait du silence prolongé de la terrible lanière ; leur vitesse s'augmentait ; enfin, se croyant décidément les maîtres, ils tournèrent court, dressèrent leurs queues au vent et se lancèrent du côté opposé, aussi heureux qu'une bande d'enfants délivrés de l'école, et avec l'entrain sauvage d'une douzaine de loups courant après une proie assurée. Comme ils sautaient ! comme ils aboyaient ! comme ils s'égayaient de cette liberté imprévue !

« Celui-là seul qui, après avoir des heures entières lutté contre un attelage de chevaux fougueux, a pu trouver quelque repos pendant que ses indociles coursiers montaient lentement une âpre et longue côte, celui-là comprendra la satisfaction avec laquelle je sentis la force me revenir.

« Dès que je pus de nouveau brandir mon fouet, je m'arrangeai de manière à pousser la bande intraitable au milieu d'un groupe de hummocks et de monceaux de neige qui ralentirent un peu sa course effrénée ; puis, sautant à terre, je saisis les montants et enrayai le traîneau ; les pointes des patins s'enfoncèrent profondément dans la neige. Les fuyards étaient désormais solidement ancrés ; une application vigoureuse du nerf de phoque les convainquit bientôt des avantages de l'obéissance, et lorsque, après avoir retourné le traîneau, je donnai le signal du départ, ils se mirent à trotter de l'air le plus humblement soumis, faisant face au vent sans mot dire et sans broncher. Ils se rappelleront cette leçon, et je ne l'oublierai pas non plus. »

Arrivé au fond du fiord, le docteur Hayes franchit les crevasses formées par la marée, puis un haut rempart de glace, et se trouva devant une large et pittoresque vallée entourée de grands rochers et terminée par un glacier. Au centre de la

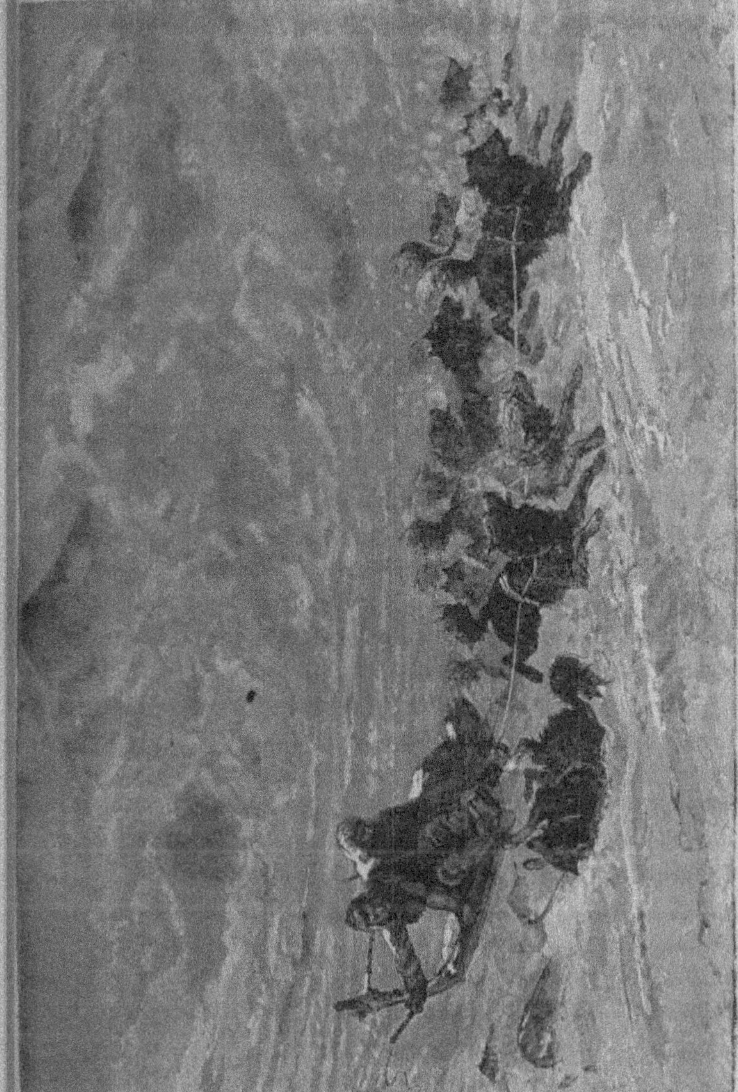

UN TRAINEAU ESQUIMAU ET SON ATTELAGE.

vallée s'étendait un petit lac de deux kilomètres de longueur, alimenté par le glacier et les neiges fondues que lui versent en été les collines environnantes. Il s'écoule dans la mer par une gorge étroite et escarpée portant des traces évidentes du fort courant qui y débouche dans la saison du dégel. Les bords en sont couverts, en certains endroits, de couches de tourbes (lits de mousse desséchés et durcis). C'était là un supplément bien venu pour la provision de chauffage; Hayes en emporta un spécimen qui brûla parfaitement avec l'addition d'un peu de graisse.

Le glacier, découvert en 1855 par Kane, avait reçu de lui le nom de son frère et se nommait « glacier de Frère-Jean ». Hayes baptisa le lac « Alida » et la vallée « Chester ». Celle-ci a trois kilomètres et demi de long sur près de deux de large; partout où le vent a chassé la neige, un gazon fin et serré attire les bandes de rennes. Le docteur ne put résister au désir d'essayer sa carabine. Jansen et lui tuèrent chacun deux énormes mâles.

« Depuis quelques jours, écrit Hayes, à la date du 20 octobre, j'ai remarqué une sourde rivalité entre mes deux chasseurs groenlandais, les plus utiles, Hans et Péter.

« Ce dernier, Esquimau pur sang, au teint foncé, à la chevelure de jais coupée carrément sur le front, selon la mode du pays, est un petit homme, très honnête, toujours tenu fort proprement et d'assez bon air; il joint une adresse merveilleuse à ses talents de chasseur, et j'ai là une foule de petits objets, coupe-papier, cuillers à sel, etc.., qu'il m'a sculptés dans une défense de morse avec beaucoup d'art et de goût, sans autres instruments qu'une vieille lime, un couteau et un morceau de papier sablé. Il s'empresse de se rendre utile en toute occasion et, comme je récompense volontiers le zèle et le travail, il se trouve aujourd'hui l'heureux possesseur d'un beau costume en drap pilote et de quelques chemises de flanelle rouge, parures que Hans ne peut pas lui pardonner.

RENNES SAUVAGES.

Il m'est impossible de montrer la moindre bienveillance à mes autres Groenlandais sans rendre Hans très malheureux; il n'ose guère murmurer en ma présence, mais il devient boudeur et ne veut plus chasser, ou s'arrange de manière à ne pas trouver de gibier.

« Hans est la vivante incarnation des plus mauvais côtés du caractère de sa race. Étrange peuple que ces Esquimaux, et encore plus intéressants à étudier que mes chiens, tout en m'étant beaucoup moins utiles. Le chien obéit au fouet brandi par un poignet énergique; mais quel homme réussira jamais à mener l'animal humain qui répond au nom d'Esquimau? C'est un être en quelque sorte *négatif* en toutes choses, sauf en une seule : sa très *positive* inconstance comme créature sociale.

« Au premier abord, il semblerait qu'une certaine sociabilité fût le fond des rapports mutuels de ces hyperboréens. Néanmoins, examinez-les de près : ils ne ferment pas leur porte à leur frère malade, pauvre ou en détresse, mais jamais ils ne lui offriront spontanément le secours dont il a besoin; ils n'ont pas l'air de se douter qu'on puisse venir volontairement à l'aide du prochain malheureux. Le chasseur qui a perdu son attelage ou ses filets, la famille privée de son chef, le prodigue ruiné, le paresseux lui-même, entre librement dans la pauvre hutte du rude habitant de ces déserts glacés; il se sert de tout ce qu'il y trouve, comme s'il était membre de la petite communauté: on ne le repoussera point; mais si, à quelque distance, un malheureux se débat dans les angoisses de la faim, personne ne songera à lui porter un morceau de phoque qui lui sauverait la vie. Chacun ne compte que sur soi-même, et n'attend pas plus d'assistance du voisin qu'il ne pense à lui offrir la sienne.

« Ce n'est pas par charité que l'Esquimau ne refuse aux nécessiteux ni l'abri ni la nourriture; ce n'est point par bonté d'âme que le chasseur ne repousse pas l'homme fatigué qui s'est hissé sur son traîneau pour arriver plus vite à la hutte éloignée. Non, il le laissera glisser dans la neige, même il y aidera sournoisement, si l'occasion s'en présente, et, l'abandonnant loin de tout secours, il continuera sa route avec la plus grande insouciance, sans donner une pensée à son hôte de quelques heures.

« Lorsqu'il change de séjour, la famille étrangère qui a cherché sa protection n'est pas invitée à l'accompagner : si elle peut le suivre, tant mieux pour elle; il ne la chassera pas : l'idiome du pays n'a pas même de mot pour exprimer un tel acte; mais, si ces pauvres diables n'ont pas la force de faire le voyage, l'Esquimau les abandonne à leur malheureux sort avec le même calme qu'il délaisse le vieux chien usé par la chasse et le traîneau.

« Parmi eux on ne trouve ni mendiant, ni emprunteur, ni voleur. Ils ne donnent jamais, mais aussi ils ne se dépouillent point entre eux. A l'égard de l'homme blanc, c'est tout autre chose, et ils ne se font aucun scrupule de lui filouter tout ce qu'ils peuvent atteindre.

« Impossible d'imaginer des êtres d'une sensibilité plus obtuse que ces sauvages : mes chiens montrent plus de sympathie les uns pour les autres; ils courent ensemble le même gibier et, s'ils se mordent souvent, ils redeviennent amis aussitôt que leurs dents ont vidé la querelle... Ces gens-ci ne se battent jamais : un rival les inquiète, un vieillard décrépit leur est à charge, une femme est soupçonnée de sorcellerie, un paresseux n'a pas de chiens et vit aux dépens des autres... on vous les harponne en secret, et tout est dit[1]. Ils se défont

1. Il y a plus : une femme malade et qu'on juge n'être plus bonne à rien est, chez les Esquimaux, enterrée vivante. Un jour Hall, visitant une malade à laquelle il avait donné ses soins, trouva ses voisins occupés à lui bâtir un *iglou*, hutte de glace et de neige. Il apprit que cela devait servir de tombeau à la malade. En effet, Noukelou fut transportée dans l'iglou neuf, étendue sur une couche de neige et enfermée dans des blocs de glace. M. Hall l'alla voir encore. Elle était calme, résignée et même reconnaissante de ce traitement. Elle savait que la hutte devait lui servir de tombeau; mais elle était de sa race et, devenue un fardeau pour les autres, n'ignorant pas que ses jours étaient comptés, elle

même de leurs propres enfants, lorsque ceux-ci sont trop nombreux ou sont affectés de quelque infirmité qui les rendrait incapables de se suffire; mais ils n'ont pas l'idée d'en venir ouvertement aux mains avec leurs ennemis. Voilà les habitudes de ces tribus, du moins de celles qui n'ont pas encore été relevées d'un degré ou deux par la civilisation chrétienne et sur lesquelles n'ont pas été greffées les coutumes guerrières de ces Scandinaves, de ces rois de la mer qui, du neuvième au quatorzième siècle, vécurent et bataillèrent dans le sud du Groenland.

« Avec de tels penchants, les Esquimaux ne voient pas avec plaisir le bonheur d'autrui, et les sentiments envieux de Hans contre Peter, mon favori, s'expliquent tout naturellement. Du reste, quand je ne donnerais à celui-ci que le strict nécessaire pour couvrir sa nudité, quand j'octroierais à Hans tout ce qu'il y a de mieux dans le navire, ou même des choses parfaitement inutiles à un Esquimau, sa jalousie et son avidité ne seraient pas satisfaites : la bienveillance que je témoigne à son rival lui est surtout odieuse, car il y voit la promesse de nouveaux dons.

« De plus, Hans a un ménage à lui ; fier de posséder un échantillon de la moitié féminine de l'humanité, il peut se croire beaucoup au-dessus de ses trois compagnons. Il a planté sa tente sous le toit qui abrite le pont et, à demi enseveli sous des peaux de renne avec sa femme et son rejeton, il y mène tout à fait la vie de ses congénères. Madame Hans, Merkut de son nom de famille, est une petite boulotte, pas trop laide pour une Esquimaude; elle l'est certainement moins que toutes les femmes de race pure que j'ai pu voir; son teint est même assez clair pour qu'une nuance vermeille soit visible sur ses joues, lorsqu'on réussit à lui faire enlever, avec de

acceptait cette mesure comme un acte juste auquel personne ne pouvait trouver à blâmer; elle sentait de la gratitude envers ceux qui avaient pris tant de soins pour rendre heureux ses derniers instants.

l'eau de savon, l'épaisse couche de suie huileuse qui les recouvre ordinairement; mais une telle débauche de propreté ne se fait pas tous les jours, et quant à soumettre cette dame de nouveau à une lessive semblable à celle que les matelots lui infligèrent près du cap York, il est impossible d'y songer.

« Pingasick, *le joli mignon*, âgé d'environ dix mois, est aussi présentable que n'importe quel bambin dont le corps n'a jamais fait connaissance avec l'eau. Il court aussi naturellement vers le froid que les petits canetons vers la mare, et tous les jours se traîne à quatre pattes hors de la tente paternelle pour rouler sur le pont son petit corps, libre de tout vêtement; sa mère, très indifférente au froid et à ce que notre monde civilisé et nos phrases de convention appellent modestie féminine, n'hésite pas à paraître dans un costume aussi primitif. Du reste, la température du navire descend rarement au-dessous du point de congélation. »

A cette époque de l'année, il ne faisait plus jour, même à midi; cependant l'obscurité n'était pas encore absolue et, la lune ajoutant sa clarté à celle du crépuscule arctique, Hayes résolut de faire une excursion sur le glacier de Frère-Jean, découvert par Kane en 1855. Il prit avec lui son secrétaire, M. Knorr, deux matelots énergiques et résolus, l'Esquimau Peter et le volontaire Harvey Heywood.

Le traîneau portait une petite tente de toile, des peaux de buffle en guise de matelas, une lampe à cuisine et des provisions pour huit jours. Quant à l'équipement, il se composait, pour chacun des voyageurs, d'une paire de bas de rechange en fourrure, d'une tasse de fer-blanc et d'une cuiller de fer.

La petite troupe partit le 22 octobre et campa au pied du glacier. Le thermomètre marquait 24° au-dessous de zéro, et l'on n'avait d'autre feu que celui de la lampe, sur laquelle mijotait le hachis de gibier et chauffait le café qui composait le repas du soir.

« Notre première tentative d'escalade, écrit Hayes, fut arrêtée tout d'abord par un accident : l'éclaireur de la caravane perdit pied sur d'étroites marches taillées dans la paroi de glace ; glissant sur la rampe escarpée, il précipita à droite et à gauche ceux qui le suivaient et roula avec eux dans la vallée; par bonheur, ils échappèrent aux rocs aigus qui perçaient la neige au pied du Frère-Jean.

« Nous fûmes plus heureux une seconde fois, et après avoir hissé le traîneau au moyen d'une corde, nous poursuivîmes notre route avec assez peu d'entrain, fatigués que nous étions des rudes labeurs qui nous avaient pris une bonne partie de la journée ; la glace était raboteuse, fendillée et à peine recouverte d'un mince tapis de neige. Ma petite troupe tirait péniblement son traîneau et je marchais en avant pour lui tracer le chemin, lorsque le sol se déroba sous mes pas, et je me sentis subitement lancé dans le vide ; mais le bâton que je portais sur l'épaule en prévision de l'aventure fit son devoir à point nommé et me soutint au-dessus de la crevasse jusqu'à ce que je fusse parvenu à grimper sur l'une des arêtes. J'avais couru grand risque d'étudier de très près un intéressant problème, mais je ne fus pas du tout fâché d'attendre encore quelque temps avant de savoir au juste si les fissures du glacier en traversent toute l'épaisseur.

« L'aspérité des bords de l'immense glacier vient sans doute de la forme tourmentée du terrain sur lequel il s'appuie : à mesure que nous approchions du centre, la glace devenait plus unie, moins fendillée, et nous pûmes faire neuf kilomètres avec une sécurité relative ; la tente fut dressée, et après un bon souper de hachis de renne, de pain et de café, nous nous endormîmes profondément, beaucoup trop exténués pour nous préoccuper de la température ; elle était de plusieurs degrés au-dessous de celle de la nuit précédente.

« Jusqu'ici l'inclinaison du glacier avait été de six degrés environ; dans notre nouvelle étape, elle tomba peu à peu à deux seulement; nous avions quitté la glace dure, et nos cinquante-cinq kilomètres de la journée se firent péniblement sur une plaine de neige compacte et recouverte d'une croûte que le poids de notre corps brisait à chaque pas. A un mètre de profondeur, la glace ne paraissait point encore : on ne trouvait que de la neige fortement gelée que la pelle entamait avec une certaine difficulté.

« Le lendemain, nous reprîmes notre route dans les mêmes conditions; au bout de quarante-cinq kilomètres, mes hommes s'arrêtaient, harassés de fatigue : le terrible vent d'est nous fouettait le visage et, par 35° 1/2 au-dessous de zéro, nous cherchâmes un refuge sous notre tente; il me fallait renoncer à continuer mon voyage. »

En effet, la petite bande était campée dans une position aussi *sublime* que dangereuse : à plus de quinze cents mètres au-dessus du niveau de la mer, à cent vingt kilomètres de la côte, au milieu d'un désert de glace d'une incommensurable étendue. La lune descendait lentement dans le ciel; voilée parfois de nuages fantastiques, elle jetait des lueurs indécises à travers les tourbillons de neige que le vent fouettait dans l'espace et qui frappaient les voyageurs comme autant de flèches aiguës.

« Une fuite précipitée, dit Hayes, était notre seule chance de salut. Aussi, comme le vaisseau qui s'abandonne à l'ouragan après lui avoir vaillamment résisté, nous tournâmes enfin le dos à la tempête et, poussés par son souffle puissant, nous redescendîmes en toute hâte la pente du glacier.

« Nous avions franchi plus de soixante kilomètres et descendu d'environ mille mètres avant que je me hasardasse à permettre une halte. Alors la température était remontée de dix ou douze degrés, et la tourmente s'apaisait un peu. Nous avions bien gagné quelques heures de repos. Mais il faisait encore très froid sous la tente, que le vent ébranlait sans relâche, et nous avions quelque peine à l'empêcher de s'envoler au loin.

« Le lendemain soir, nous rentrions au port Foulke, à peu près sains et saufs, mais des plus fatigués.

« La lune nous avait éclairés pendant cette dernière partie de notre voyage. A la base du glacier, l'air était parfaitement calme et, dans la gorge ou dans la vallée, sur le lac Alida ou sur le golfe, nous avancions au milieu de scènes vraiment féeriques. Les nuées chargées de neige passaient comme des fantômes à travers les airs et cachaient ou montraient tour à tour les crêtes des blanches collines.

« Ces ombres nous disaient que l'ouragan hurlait encore là-haut; mais, dans notre humble vallée, tout était aussi paisible que dans une caverne vainement assiégée par la tempête. Nous y contemplions sans obstacles l'arche immense des cieux. Les étoiles, revêtues de la majesté de la nuit, se miraient sur la surface unie du petit lac; le glacier reflétait les pâles rayons de la lune, et les noires falaises versaient leurs grandes ombres sur la mer de lumière qui inondait la vallée.

« Les caps aux cimes déchirées se découpaient sur le fond éblouissant du golfe parsemé d'îles; la glace qui emprisonnait ses vagues s'étendait à travers la baie jusqu'aux limites visuelles de l'océan lointain. A l'horizon se profilaient vaguement les hautes montagnes blanches de la côte occidentale du détroit et sur la mer flottait une lourde masse de vapeurs. Poussée lentement par la bise, elle laissa voir peu à peu la forme spectrale d'un iceberg émergeant du fond d'un noir abîme. Une faible aurore boréale frangeait le sombre manteau des vagues et, derrière cette zone de ténèbres impénétrables, dardait parmi les constellations de soudains jets de lumière, semblables à des flèches de feu lancées par les créatures d'un autre monde. »

Ce voyage, la première tentative *réussie* qui ait eu pour but l'intérieur de cette mer de glace, permit au docteur Hayes d'apprécier beaucoup plus nettement qu'il n'avait pu le faire encore le système glaciaire du Groenland.

Rendons-lui la parole.

« Ce qui est vrai dans les gorges des Alpes l'est aussi dans les vallées du Groenland[1]. Un immense flot congelé se déverse, à l'est et à l'ouest, par les pentes du plateau central, et ce que la glace peut gagner en hauteur par les dépôts d'une saison, est perdu dans la descente continue de cette masse mobile.

« Aucun obstacle, aucun pli du sol n'en arrête le mouvement; elle se moule sur les collines, passe à travers leurs gorges ou franchit leurs sommets. Le torrent glacé comble les vallées et les met de niveau avec les plus hautes crêtes. Il ne s'arrête pas devant le précipice : cataracte gigantesque, il bondit dans le vide béant pour atteindre, n'importe à quel niveau, le sol inférieur. L'hiver et l'été sont pour lui *même chose* : il s'avance toujours, il s'épanche par toutes les anfractuosités du littoral et se déverse dans chaque ravin et dans chaque vallée, rongeant ou écrasant les rocs jusqu'à ce qu'il arrive à la mer. L'océan même ne suspend pas sa course : il repousse les eaux et, se faisant à lui-même sa ligne de côtes, il se plie aux inégalités du fond comme auparavant à celles de la terre ferme, emplissant les golfes et les larges baies, s'étendant avec la mer, se rétrécissant avec elle, recouvrant les îles dans sa marche lente et continue; enfin il ne s'arrête qu'à plusieurs kilomètres du rivage primitif.

« Là, il finit par toucher à la limite fixée à sa marche envahissante.

« Quand, dans les siècles passés, après avoir descendu les pentes terrestres, le glacier atteignit la côte, son sommet dominait d'une ou deux centaines de mètres le golfe qu'il devait combler; lentement il s'est enfoncé sous la ligne des

1. Dans son magnifique ouvrage *la Terre*, M. Élisée Reclus (chap. *les Neiges et les Glaciers*) explique et adopte pleinement les conclusions de M. Hayes.

eaux et, continuant à glisser, il a fini par s'atténuer, par disparaître, presque tout en entier submergé.

« Mais, dans un précédent chapitre, nous avons vu qu'un bloc de glace d'eau douce flottant dans l'eau salée s'élève d'un huitième au-dessus de la surface de la mer. Tout écolier sait que l'eau se dilate en se congelant, et que, dans sa nouvelle forme, elle occupe un dixième d'espace en plus que dans son état fluide ; en conséquence, la glace d'*eau douce* émerge d'un dixième de son volume lorsqu'elle flotte dans l'*eau douce;* mais dans l'eau salée, dont la densité est de beaucoup supérieure, la proportion de la partie flottante à la partie immergée n'est plus de *un à neuf* comme précédemment, elle est de *un à sept*.

« Il est donc évident qu'à mesure que le glacier s'avance dans l'océan, l'équilibre naturel de la glace doit se rompre peu à peu ; la partie avancée de la masse cristallisée s'enfonce beaucoup plus que si elle eût été libre de flotter suivant les propriétés acquises par la congélation. Aussitôt que plus des sept huitièmes sont descendus sous la surface de la mer, la glace, comme une pomme retenue par la main dans un seau d'eau, tend à remonter jusqu'à ce qu'elle ait pris son équilibre naturel.

« Ainsi le glacier est un immense fleuve de glace, et bien que son extrémité, emprisonnée sous les eaux, ait une tendance à s'élever, elle est longtemps retenue par l'action de la masse à laquelle elle appartient ; elle continue à plonger jusqu'à ce que la force d'émersion, augmentant toujours, fasse éclater des fragments qui remontent aussitôt à leur niveau naturel ; ces fragments peuvent être des cubes solides de 800 mètres de côté ou même davantage. La disruption ne s'accomplit pas sans un grand tumulte des eaux et un fracas qu'on entend au loin. La masse de glace flotte en liberté ; les oscillations que lui avait imprimées cette soudaine rupture finissent par se calmer, puis le bloc de cristal s'abandonne au courant et dérive avec lenteur vers la haute mer. C'est une montagne de glace, un *iceberg*[1], maintenant : le glacier a accompli le rôle que lui assigne, dans les régions polaires, la grande loi de la circulation.

« La goutte de rosée, distillée sur la feuille du palmier des tropiques, tombe sur le gazon et reparaît dans le ruisseau murmurant de la forêt primitive ; elle a coulé dans la rivière et de la rivière dans l'océan ; là elle s'est évanouie en vapeur et, portée vers les montagnes du Nord par le vent invisible, elle est devenue un doux flocon de neige ; pénétrée par un rayon, la neige se transforme à son tour en un petit globule d'eau ; la froide brise succédant au soleil, ce globule se change en cristal, et ce cristal recommence sa course errante et cherche encore l'océan.

« Mais sa marche, autrefois si rapide, est lente à présent. Dans les flots de la rivière, elle franchissait plusieurs kilomètres par heure : il lui faudra autant de siècles avant de faire la même route. Elle se perdait dans la mer sans bruit et sans secousses, maintenant elle ne rejoint le monde des eaux qu'au milieu de violentes convulsions.

« Ainsi le mont de glace est le fils du fleuve arctique, ce fleuve est le glacier et le glacier est l'accumulation des vapeurs congelées. Nous avons vu ce fleuve se traîner de siècle en siècle, depuis les lointains escarpements du sol jusqu'à la mer ; nous avons vu la mer en détacher un fragment énorme et reprendre ce qui lui avait appartenu. Délivré des entraves dont l'avaient chargé d'innombrables hivers, ce nouveau-né de l'océan se précipite avec un bond sauvage ; l'écume le caresse, les gouttes de cristal recouvrent leur liberté perdue et s'enfuient avec les vagues riantes vers le soleil, pour recommencer à nouveau leur course à travers le cycle des âges.

1. On supposait autrefois que la naissance des icebergs était entièrement due à la *force de gravité*, à la rupture des falaises du glacier surplombant sur la mer. Le docteur Ring, inspecteur du Groenland méridional, a prouvé que les fragments de glace flottante ayant cette origine ne sont jamais de grande dimension et ont rarement droit au titre d'*iceberg*. (*Note de M. Hayes.*)

« Le Frère-Jean, par lequel j'avais pénétré dans la mer de glace, est un bel exemple de la croissance et de la marche que je viens de décrire. Il forme un large fleuve qui a fini par remplir une vallée de dix-huit kilomètres de longueur; son front, qui, ainsi que je l'ai dit plus haut, a près de deux kilomètres de large, est encore à trois kilomètres et demi de la mer. En 1861, j'ai repris les angles et les mesures d'octobre 1860, et reconnu qu'il s'avance de plus de 30 mètres par an. Il lui faudra donc un siècle pour qu'il atteigne la baie; et comme l'eau profonde se trouve à onze kilomètres du rivage, cinq cents ans seront nécessaires avant qu'un iceberg de quelque importance puisse s'en détacher. »

Les ténèbres s'épaississaient; à peine avait-on d'autre clarté que celle fournie par la lune et les étoiles. La chasse n'était pas encore abandonnée, mais on ne pouvait s'y livrer que pendant des instants trop courts pour qu'elle pût procurer quelque profit à la colonie.

L'existence, à bord de la goélette, était réglée méthodiquement. On se levait à sept heures et demie; le déjeuner était servi à huit heures et demie, la collation à une heure, le dîner à six. A onze heures, les lampes s'éteignaient et chacun gagnait son cadre.

Après le déjeuner, les hommes d'équipage balayaient les ponts, nettoyaient et garnissaient les lampes et allaient à l'iceberg chercher la glace destinée à alimenter la *fondeuse*. Longtemps avant la collation, tout travail obligatoire était terminé et l'on était libre. Mais Hayes avait établi, comme règle invariable, que deux heures de travail devraient être suivies de deux heures de promenade.

Lui-même donnait l'exemple; chaque jour, ou il faisait en traîneau le tour de la baie, ou il grimpait sur les collines, ou se hasardait au loin sur les glaces; mais le plus souvent il sortait seul avec sa carabine et un jeune terre-neuve nommé *Général*.

Le dimanche s'observait comme dans la lointaine patrie. A dix heures, escorté par l'officier de service, Hayes visitait le navire et s'informait minutieusement de la santé, des habitudes et du bien-être de tout l'épuipage. Puis, tout le monde étant réuni sur l'arrière, il lisait une portion des prières et un chapitre de la Bible.

Cependant la rivalité des deux chasseurs esquimaux, Hans et Peter, s'accentuait de plus en plus. Jusque-là, Hans dirigeait l'attelage de Sonntag et en faisait à peu près à sa guise. Mais, le 28 octobre, Hayes chargea Peter de le conduire à la base du glacier, où il avait quelques points de vue à dessiner. Cette décision enflamma la colère de Hans. Sur le rapport de Jansen, le docteur lui ôta les chiens pour les confier exclusivement à Peter. Celui-ci nageait dans la joie pendant que l'autre était outré de dépit; toutefois Hayes espérait que les choses n'en viendraient pas à une explosion ouverte. Il fit comprendre à Hans les dangers qui en résulteraient pour sa personne. Mais Hans avait bonne mémoire et ne pardonnait jamais. Il méritait malheureusement toujours la réputation qu'il s'était acquise à bord de l'*Advance* et son caractère n'avait pas plus changé que sa figure; toujours même voix douceâtre et mielleuse, petit œil rusé, repoussante laideur. C'était, en somme, un fort vilain personnage, et le docteur avait fort peu de confiance en lui; mais Sonntag l'avait pris sous sa protection et le préférait même à Jansen pour conduire son attelage.

Sa femme ne valait pas beaucoup mieux. Il fut impossible d'obtenir d'elle d'aider les hommes du bord à coudre les peaux de phoque et à les transformer en jaquettes, pantalons et chaussures pour leur toilette d'hiver: cette indolente créature se refusait obstinément à toucher une aiguille. Jamais on ne vit de femme plus entêtée. Elle avait su se rendre indépendante de tout et de tous, boudait terriblement à la moindre contrariété et, tous les quinze jours au moins, déclarait à son époux qu'elle allait très positivement l'abandonner ainsi que les hommes blancs, pour retourner à sa tribu.

Une fois même, mettant cette menace à exécution, elle partit en bougonnant, le poupon sur le dos, et se dirigea vers le cap Alexandre. Hans sortit de sa tente comme si de rien n'était et s'accouda tranquillement à la fenêtre, la pipe à la bouche, regardant devant lui de l'air le plus indifférent du monde.

Comme la fugitive allait disparaître vers le sud, Hayes crut devoir appeler sur elle l'attention de son seigneur et maître.

« Oui, moi voir, se contenta-t-il de répondre.

— Où s'en va-t-elle, Hans?

— Elle pas partir... Elle revenir encore... C'est bien!

— Mais elle va geler en route, Hans!

— Elle! Oh non! Elle venir tout à l'heure, vous voir cela. »

Et il continua de fumer avec un paisible ricanement, comme un homme depuis longtemps accoutumé aux caprices de sa bien-aimée. Deux heures après, en effet, elle revenait, un peu honteuse et toute grelottante, avec la figure rudement fouettée par le vent.

Le 3 novembre, Sonntag partit avec quelques hommes pour faire une excursion sur la glace marine et tenter de doubler le cap Ohlsen, situé au nord-ouest du port Foulke. Il revint le 6, après un voyage des plus pénibles et sans avoir réussi dans son entreprise. A chaque instant, les chiens avaient à franchir des hummocks élevés, des neiges amoncelées, de larges fissures; le vent soufflait avec rage, ajoutant aux fatigues des explorateurs le danger des morsures de la gelée.

Au retour, un peu au-dessus du cap Hatherton, on trouva la piste de deux ours blancs, et bêtes et gens ne purent résister au désir de la suivre. Elle les conduisit au versant d'une chaîne de glaçons où les deux bêtes, une mère et son petit, dormaient tranquillement.

Réveillées par les abois des chiens, elles se dirigèrent immédiatement vers les crevasses ouvertes, à une distance d'environ sept kilomètres. Sans attendre les incitations de leurs conducteurs, et comme s'ils avaient oublié leurs traîneaux, les chiens s'élancèrent à la poursuite des fugitifs. Les hummocks, fort élevés déjà, étaient séparés par d'étroites et sinueuses ravines, et si les ours avaient eu l'instinct de s'y cantonner, leurs ennemis, arrêtés à chaque instant et ne pouvant pas toujours suivre leurs traces, n'auraient probablement pas réussi à les atteindre; mais la chaîne avait tout au plus un demi-kilomètre de large, et les ours, la traversant au plus vite, songeaient évidemment à gagner une énorme fissure où devait se trouver un espace de mer.

Atteindre l'eau était pour eux le salut. Tout aussi bien que les chasseurs, les chiens paraissaient le redouter, car ils suivirent la piste avec tout le sauvage élan de leur brutale nature. Enragés par la perspective de voir échapper leur proie, ils parcouraient l'espace comme un tourbillon furieux. Jansen et Hans les excitaient par tous les moyens que leur suggérait une longue expérience; les traîneaux volaient sur la neige durcie et rebondissaient sur les pointes aiguës qui se projetaient sur la surfage glacée.

Par leurs cris et leur vitesse, les chiens manifestaient toute l'impatience d'une meute lancée après le renard et dix fois autant de férocité, et Sonntag, que cette folle course enlevait aux notions de la réalité présente, se croyait au milieu d'une horde de loups serrant de près un buffle blessé.

En moins d'un quart d'heure la distance était réduite à quelques centaines de mètres. La mer, espoir des fugitifs et terme fatal de la poursuite, se rapprochait aussi; mais l'ourse était arrêtée dans sa marche par son petit, qu'elle ne voulait pas abandonner; effrayé et anxieux, il trottait pesamment près d'elle, et c'était pitié d'entendre les appels déchirants de la pauvre mère, de voir sa profonde douleur; elle comprenait parfaitement le péril, mais ne pouvait se résoudre à fuir sans sa progéniture. La crainte et l'amour maternel semblaient lutter alternativement dans son cœur; elle s'élançait vers la mer pour revenir bientôt en arrière et pousser de son museau le pauvre petit être que les forces abandonnaient; elle courait à côté de lui comme pour l'encourager. L'ennemi s'avançait toujours, les chiens oubliaient leur fatigue et tiraient de plus en plus sur leur collier : le moment critique approchait, et les angoisses de la malheureuse famille auraient ému les âmes les moins accessibles à la compassion; l'ourson ne pouvait plus marcher.

Arrivés à cinquante mètres environ, les conducteurs se penchèrent en avant, saisirent le bout de la courroie qui réunissait tous les traits et le glissèrent hors du nœud coulant : les traîneaux s'arrêtèrent soudain, et les chiens, délivrés de toute entrave, s'élancèrent après leur proie en poussant des hurlements féroces. En entendant tout près d'elle le bruit de la meute altérée de son sang, la pauvre mère comprit que la fuite était désormais impossible, elle se retourna à demi, et s'affermissant solidement sur la neige, elle se prépara au combat avec le courage du désespoir, tandis que l'ourson, affolé de terreur, courait autour d'elle et finit par se réfugier entre ses jambes.

Jansen et Hans avaient retiré leurs carabines du traîneau et se hâtaient d'accourir, mais la meute formait avec ses adversaires un groupe si serré qu'il leur était difficile de tirer. Profitant d'un instant où l'ourse se trouvait un peu à découvert, ils la visèrent à la bouche et à l'épaule, et elle fit entendre un long rugissement de colère et de douleur; mais ce n'étaient pas là des blessures mortelles, et la bataille continua plus terrible que jamais; la neige s'arrosait de sang, un filet rouge coulait de la gueule de l'ourse, un autre tombait goutte à goutte sur sa fourrure blanche; le petit, déchiré et pantelant, allait rendre le dernier soupir; un des chiens gisait presque sans vie, et un autre marquait de larges taches

COMBAT AVEC UN OURS BLANC.

cramoisies la couche de givre sur laquelle son agonie s'exhalait en faibles gémissements.

Sonntag approchait à son tour; une décharge des trois carabines jeta le colosse sur le flanc, et les chiens s'élancèrent de nouveau à l'attaque. Quoique fort épuisée par la perte de son sang, l'ourse n'était pas hors de combat; rassemblant ses forces, elle obligea encore les assaillants à une retraite précipitée, et ramena sous son corps ce petit pour lequel elle donnait sa vie... Mais l'ourson, à moitié étranglé par la meute acharnée, couvert d'affreuses plaies, expira.

En le voyant couché immobile, sa mère oublia tout, ses blessures, son danger, la meute furieuse qui la déchirait sans relâche, et se mit à le lécher avec une tendresse passionnée; se refusant à le croire mort, elle cherchait à le relever, elle le caressait pour l'encourager à combattre encore; puis tout d'un coup elle parut comprendre qu'il n'avait plus besoin de sa protection et se retourna vers ses bourreaux avec un redoublement de rage; pour la première fois, elle essaya de s'échapper. Elle parut aussi, en même temps, s'apercevoir qu'elle avait d'autres ennemis que la horde aboyante qui s'acharnait sur elle.

Hans s'avançait avec un épieu; elle secoua violemment la grappe de chiens suspendue à son corps et se précipita à sa rencontre; il jeta son arme et s'enfuit de toute la vitesse de ses jambes; mais elle courait encore plus vite que lui, et l'Esquimau eût été infailliblement atteint si Sonntag et Jansen, qui avaient pu recharger leurs carabines, n'eussent réussi à arrêter la carrière du terrible monstre. Une balle pénétra dans l'épine dorsale, à la base du crâne, et l'ourse roula à son tour sur la neige imprégnée de sang.

Les victimes furent promptement dépouillées; on prépara, pour la rapporter, une partie de la chair de l'ourson, et les chiens purent se gorger à volonté; puis les gens dressèrent leur tente sur le théâtre de leurs exploits. Le lendemain ils arrivaient au navire.

Dans le but d'effectuer une diversion utile contre les ennuis des ténèbres, Hayes eut l'idée de créer un journal qui devait paraître une fois par semaine. En sa double qualité de commandant et de médecin, il avait la conviction que cette publication aurait une heureuse influence hygiénique sur ses compagnons. Sa proposition fut accueillie avec enthousiasme, et le premier numéro du *Courrier hebdomadaire du port Foulke* parut le 17 novembre 1860, aux applaudissements unanimes de l'équipage, officiers et matelots. Il contenait seize pages d'une écriture très serrée, où rien ne manquait de ce qui constitue un journal : article de fond, nouvelles locales, nouvelles de l'extérieur, énigmes, calembourgs et annonces.

Le 19 novembre, l'Esquimau Peter, qui vivait avec Hans dans un état de rivalité perpétuelle, disparut subitement. — On se souvient que ces deux indigènes étaient les chasseurs assermentés de l'expédition.

Hayes interrogea tout le monde et en particulier Hans, qui répondit que son camarade s'était enfui par peur des matelots. Mais le docteur connaissait Hans ; c'était lui qui, par jalousie, avait dû inspirer les craintes de Peter et le forcer à se jeter dans les plus grands périls pour éviter un danger imaginaire. Cette opinion cadrait avec la connaissance qu'avait Hayes du caractère des Esquimaux, d'autant plus enclins à soupçonner la trahison qu'on leur témoigne plus de marques d'amitié. Après l'interrogatoire, Hayes congédia Hans en lui affirmant qu'à la première preuve de sa culpabilité, il le ferait pendre à la grande vergue.

Les recherches durèrent cinq jours, sans amener de résultat. On en conclut que Peter avait dû trouver la mort au milieu de la violente tempête qui s'était déchaînée au moment où l'on s'aperçut de sa disparition.

« Le lecteur qui a suivi mon récit depuis notre arrivée au port Foulke, dit Hayes, aura sans doute remarqué comme la clarté du jour s'était lentement évanouie et de quel pas tardif et mesuré l'obscurité nous avait envahis. A la fin de novembre, la dernière et vague lueur s'éteignait dans le ciel, et à toute heure les étoiles brillaient du même éclat; du jour continu de l'été, nous avions, à travers le crépuscule d'automne, passé dans la longue nuit de l'hiver.

« Nous avions bien tous appris, dans notre enfance, qu'aux pôles de la terre le jour et la nuit durent six mois; mais autre chose est de se trouver face à face avec la réalité et d'être contraint de s'y soumettre. L'éternel soleil de l'été avait dérangé les habitudes de toute notre vie; mais l'obscurité de l'hiver les troublait plus encore. L'imagination, autrefois trop excitée par cette lumière qui inspire l'action, s'engourdissait peu à peu; la nuit de plusieurs mois jetait son ombre sur l'intelligence et paralysait notre énergie. »

Pendant ce long hiver boréal, la lune seule venait, de temps en temps, dissiper les ténèbres qui enveloppaient les explorateurs. Pendant les dix jours de sa course lumineuse, elle cheminait paisiblement au-dessus de l'horizon et brillait d'une clarté inconnue partout ailleurs, amplifiée qu'elle était par l'uniforme reflet des neiges et la sérénité presque constante de l'atmosphère. La splendeur de ses rayons permet de lire avec la plus grande facilité, éclaire les Esquimaux dans leurs courses nomades et les guide vers leurs terrains de chasse.

Dans les premiers jours de décembre, un malheur, qui en engendra plusieurs autres, fondit sur la colonie du port Foulke. L'épidémie qui avait décimé la race canine au Groenland éclata parmi les attelages des explorateurs. En peu de temps, elle en enleva la meilleure partie. L'expédition se trouvait ainsi menacée de l'avortement de ses plans de découvertes futures; sans une bonne meute de trait, elle ne pouvait espérer de faire quelque tentative utile dans la direction du nord.

La première pensée de Hayes fut d'avoir recours aux Esquimaux pour recruter ses relais parmi eux et d'essayer d'amener quelque tribu auprès du navire.

Hans, consulté, affirma que les indigènes se rassemblaient au printemps dans les environs du cap York, et qu'il espérait en trouver, soit à Sorfalik ou à quelque autre station au nord du détroit de la Baleine, soit à l'île Northumberland, située à 180 kilomètres au sud.

Il fut décidé que, s'il restait encore assez de chiens à la lune de décembre, Sonntag, accompagné de Hans, prendrait le traîneau et tâcherait d'entrer en communication avec les naturels; que si, au contraire, tous les chiens étaient morts, Hayes se rendrait en personne, à pied, à leurs stations et s'efforcerait d'amener les Esquimaux au port Foulke, ou à Etah, de l'autre côté du fiord de Foulke.

Quand la lune se montra, l'épidémie avait disparu et il restait neuf beaux chiens suffisants pour composer un attelage. C'était le 22 décembre, moment du minuit polaire, c'est-à-dire celui auquel le soleil atteint sa plus grande déclinaison australe.

Les préparatifs furent promptement terminés. Hans s'était fabriqué un sac pour servir de couchette; Sonntag en emportait un de fourrure d'ours venant d'Upernavik; il n'avait pas voulu s'embarrasser d'une tente, Hans étant expert dans l'art de construire des huttes de neige. Le traîneau portait des provisions pour douze jours.

La température s'était considérablement adoucie : le jour du départ, le thermomètre marquait 19° au-dessous de zéro; la veille il était à 30°.

Hans, très fier de son importance, fit claquer son fouet; les chiens, bondissant dans les harnais, partirent au galop, et le traîneau, salué par un vigoureux hurrah!, disparut au milieu du nuage de neige soulevé par l'attelage.

Le jour de Noël fut célébré avec toute la pompe que comportaient les circonstances. Il y eut, pour les officiers et l'équipage, grand dîner, composé presque exclusivement de chair de renne.

« Heureux, dit Hayes, de voir que nos gens conservaient assez d'entrain pour s'amuser, je les encourageais de toutes mes forces. Chaque partie du « festival », comme ils nomment ce grand jour, a été conduite avec un ordre remarquable. Le bal vint à son tour, et quand je montai vers minuit pour donner mon coup d'œil à la *soirée*, je trouvai Knorr enveloppé de fourrures, assis sur une barrique et jouant du violon avec énergie, pendant que Barnum et Macdonald dansaient une gigue avec un magnifique entrain; puis Carl entraîna le maître d'hôtel à travers les vertigineux labyrinthes de la valse, et finalement Charley fit retentir la goélette des éclats de rire excités par son « pas de deux » avec madame Hans. Le vieux cuisinier avait grimpé sur son échelle, et, oubliant ses préoccupations et ses « rennes », applaudissait bruyamment les acteurs. Mais il en eut bientôt assez et s'éloigna de cette scène trop tapageuse pour lui. Une douzaine de voix lui criaient :

« Holà! cuisinier, revenez donc et faites-nous voir comment on danse chez vous!

— Danser et faire toutes vos bêtises?... Mais il n'y a pas de femmes!

— Mais il y a madame Hans, cuisinier.

— Pouah! » et il replongea dans la cabine.

Le 3 janvier 1861, Hayes perdit son terre-neuve Général. Comme il lui fallait absolument un favori quelconque, il adopta un jeune renard femelle que lui apporta Jansen. Il lui donna le nom de Birdie et réussit en peu de temps à l'apprivoiser.

Hayes s'étonnait de n'avoir pas encore vu de belles aurores

boréales. Le 6 janvier, il fut favorisé au delà de son attente : il en vit deux, à onze heures du matin et à neuf heures du soir. L'arc de la première n'était pas continu, mais très intense; celui du soir fut parfait et, phénomène qu'il n'avait

AURORE BORÉALE.

pas encore observé, un second arc, beaucoup plus vague, s'étendait à vingt degrés au-dessus du premier. Pendant près d'une heure, des bandes brillantes ne cessèrent de s'allumer et s'éteindre dans la direction de l'ouest-nord-ouest.

Mais ces merveilleuses illuminations étaient très rares, comme il a été dit. Les heures succédaient aux heures, au sein des ténèbres, dont aucun bruit n'interrompait la monotonie.

« Il n'est rien de plus effrayant dans la nature, écrit Hayes, que le silence de la nuit polaire. Si cette nuit peut être supportée sans grand danger pour la vie physique, combien elle pèse lourdement sur les facultés morales et intellectuelles! Les ténèbres qui, depuis si longtemps, enveloppent la nature, nous ouvrent un monde nouveau auquel nos sens ne peuvent s'accoutumer.

« Dans la chère patrie, le gai soleil levant appelle au travail, le calme du soir invite au sommeil, et la transition du jour à la nuit et de la nuit au jour calme l'esprit et le cœur en soutenant le courage au milieu de la bataille de la vie. Tout cela, nous ne l'avons plus, et dans cette éternelle et ardente aspiration après la lumière, fatigués que nous sommes par l'immuable marche du temps, nous ne pouvons plus trouver le repos au sein de la nuit si longue à passer.

« La grandeur de la nature cesse d'appeler nos sympathies émoussées. Le cœur soupire après de nouvelles associations d'idées, de nouvelles impressions, de nouvelles amitiés. Cette sombre et lugubre solitude écrase l'intelligence; la tristesse qui règne partout hante l'imagination; le silence, profond, sinistre et ténébreux, se transforme en terreur. L'oreille écoute si quelque bruit ne va pas rompre ce silence qui l'accable; mais aucun pas ne retentit, aucune bête sauvage ne hurle dans la solitude. Pas un cri, pas un chant d'oiseau, pas un arbre dont les ramilles puissent recueillir les murmures ou les soupirs du vent.

« Dans ce vide immense, je n'entends que les pulsations de mon cœur; le sang qui court dans mes artères me fatigue de bruits discordants : le silence a cessé d'être une chose négative, il est maintenant doué d'attributs positifs. Je l'écoute, je le vois, je le sens! Il se dresse devant moi comme un spectre, remplissant mon esprit du sentiment de la mort universelle, proclamant la fin de toutes choses et annonçant l'éternel avenir. Je ne puis plus l'endurer et, m'élançant du rocher où je m'étais assis, je fais lourdement crier la neige sous mes pieds pour écarter l'horrible vision. Le plus léger bruit courant dans la pièce chasse l'horrible fantôme. »

Sonntag et Hans étaient partis depuis un mois et Hayes, commençant à se sentir sérieusement inquiet, se prépara à aller à leur recherche.

Le 29 janvier, son traîneau était prêt à partir, lorsque le matelot de quart annonça l'arrivée de deux Esquimaux.

Hayes leur envoya l'interprète, qui revint au bout de quelques minutes, la physionomie bouleversée. Le docteur n'eut pas besoin de lui adresser de question ; il comprit tout de suite la terrible réalité... Sonntag était mort !

Deux jours après, Hans, harassé de fatigue, arriva avec le frère de sa femme ; il avait laissé au delà du glacier son beau-père, sa belle-mère et les chiens complètement épuisés.

Ce ne fut qu'après avoir fait ramener au campement les vieillards et l'attelage, que Hayes consentit, malgré ses angoisses, à entendre le rapport du triste événement.

Les voyageurs avaient contourné le cap Alexandre sans difficulté ; la glace étant solide, ils ne s'arrêtèrent qu'à l'île Sutherland, où ils construisirent une hutte de neige et prirent quelques heures de repos. Continuant ensuite vers le sud, ils atteignirent Sorfalik, mais n'y trouvèrent pas les Esquimaux, dont la cabane tombait en ruine. Ils s'en firent une de neige et, après s'être remis de leurs fatigues, ils partirent pour l'île Northumberland, pensant qu'ils ne trouveraient pas de naturels plus au nord du détroit.

D'après le récit de Hans, ils devaient avoir fait environ sept ou huit kilomètres, lorsque Sonntag, se sentant un peu engourdi, sauta du traîneau et courut en tête des chiens pour se réchauffer. Un des traits s'embarrassa, le conducteur arrêta l'attelage et resta quelques minutes en arrière ; il se hâtait de rejoindre son maître, lorsqu'il le vit enfoncer dans l'eau : une légère couche de glace recouvrant quelque fissure, ouverte par la marée, venait de se briser sous ses pas. L'Esquimau l'aida à s'en retirer, et ils retournèrent au plus vite vers la hutte qu'ils venaient d'abandonner.

Le vent soufflait du nord-est, le froid était très vif, et Sonntag ne voulut pas faire halte pour changer ses vêtements mouillés. Tant qu'il courut près du traîneau, il n'y avait rien à craindre; mais il fut assez imprudent pour remonter, et lorsqu'ils atteignirent Sorfalik, Sonntag était déjà raide et ne pouvait plus parler.

Hans le transporta à la hutte, lui ôta ses habits gelés et le plaça dans son sac de peau; il lui fit boire de l'eau-de-vie et, ayant soigneusement bouché la cabane, il alluma la lampe à alcool pour élever la température et préparer du café; mais tous ses soins furent inutiles. Sonntag mourut après être resté un jour sans connaissance et sans avoir prononcé une parole.

Hans referma la hutte de manière que les ours ou les renards n'y pussent pénétrer; il repartit pour le sud et arriva sans encombre à l'île Northumberland; les Esquimaux venaient d'abandonner leur village, mais il put se reposer et dormir dans une cabane; sous un amas de pierre il découvrit assez de chair de morse pour rassasier ses chiens. Le jour suivant, il atteignit Netlik, où il ne trouva personne, et s'avança vers le sud jusqu'à une autre station, où il fut assez heureux pour rejoindre plusieurs familles logées, les unes dans une cabane de pierres, les autres dans des huttes de neige.

En hiver, les phoques se rassemblent en grand nombre autour du détroit de la Baleine, et les Esquimaux vivaient là au milieu d'une abondance inaccoutumée. Hans leur raconta son histoire, et charmés d'apprendre que des Européens se trouvaient près de leur ancien village d'Etah, deux indigènes réunirent leurs deux attelages et se préparèrent à le suivre.

Hans avait, de son autorité privée, après la mort de Sonntag, poussé jusqu'au cap York pour y prendre la famille de sa femme qu'il ramenait avec lui. Cette famille se composait du père, de la mère et du frère de madame Hans. Ils furent accueillis comme des objets de distraction et d'utilité.

Les matelots prirent sous leur protection spéciale l'enfant Angeit, nom qui signifie « le chipeur ». Ils le lavèrent soigneusement, débrouillèrent sa chevelure et le revêtirent d'habits chrétiens. Angeit ne tarda pas à justifier son nom ; malin comme un singe, voleur comme une pie, il faisait le désespoir du maître d'hôtel et du cuisinier. Le premier essaya sur le petit païen l'effet du catéchisme et des traités religieux ; quant au second, il déclara qu'il l'échauderait à la première occasion.

« Très bien, cuisinier, lui dit Hayes ; mais souvenez-vous que les assassins sont pendus !

— Allons, répondit-il, je ne tuerai qu'un peu. »

Sa mère Kablunet, dont le nom veut dire « l'enfant à la peau blanche », était très adroite de ses doigts et eut bientôt gagné avec son aiguille tous les petits objets dont elle avait besoin. Elle confectionna pour toute la bande des surtouts, des bottes et beaucoup d'autres vêtements de peau.

En général, les Esquimaudes sont de fort remarquables ouvrières et préparent habilement les peaux de phoque, de renne et de morse destinées à la fabrication des bottes et des gants. La méthode de cette préparation consiste à mâcher la peau entre les dents pour la rendre souple et lui donner la forme voulue. Ce travail est exclusivement réservé aux femmes, qui sont, en même temps, d'excellents tailleurs et des bottiers merveilleux.

L'apparence personnelle du mari et de la femme n'était rien moins que séduisante. Ils avaient la figure large, les mâchoires lourdes, les pommettes saillantes, le front étroit, les yeux petits et très noirs, le nez plat, les dents belles quoique usées, chez la femme, par suite de l'usage qu'elle en faisait et dont il vient d'être parlé, les cheveux d'un noir de jais et peu fournis.

Le costume était à peu près le même pour les deux sexes : une paire de bottes, des bas, des mitaines, des pantalons, une veste et un surtout. Le mari portait des bottes de peau d'ours s'arrêtant au-dessous du genou ; celles de la femme, faites en cuir de phoque, montaient beaucoup plus haut. Leurs pantalons étaient de peau d'ours, les bas de peau de chien, les mitaines de peau de phoque, la veste de peau d'oiseau, la plume en dessous ; le surtout, en peau de renard bleu, ne s'ouvrait pas sur le côté, mais se passait comme une chemise ; il se terminait par un capuchon recouvrant complètement la tête.

Quant à leur âge, il était impossible de le déterminer. Les Esquimaux, en effet, ne comptent que jusqu'à dix, le nombre de leurs doigts, et comme ils n'ont aucun système de notation, ils ne peuvent assigner aucune date aux évènements du passé. Ils ne possèdent d'annales d'aucune sorte, n'ayant pas même su trouver les hiéroglyphes des tribus de l'Amérique du Nord.

En reconnaissance des bontés que le docteur avait pour eux, les deux indigènes lui firent présent d'un assortiment complet de leur attirail de chasse et de ménage : lance, harpon, peloton de lignes, trappe à lapins, lampe, pot, briquet, amadou et mèche.

La lance avait un manche en bois, provenant sans doute de l'*Advance*, le navire perdu de Kane ; elle se terminait d'un côté par une solide pointe de fer et de l'autre par un fragment de défense de morse, revêtue d'une armature également en fer. Une dent de narval [1] de deux mètres de longueur, très dure et parfaitement droite, formait la hampe du harpon, dont la tête était un morceau d'ivoire de morse, long de sept à huit centimètres et percé de deux trous : l'un au centre, où s'amarre la ligne, l'autre à l'extrémité supérieure, où vient

1. Espèce de cétacé dont le museau se termine par une longue défense d'ivoire avec laquelle il ne craint pas d'attaquer la baleine.

se souder le manche du harpon, dont la base est armée d'un fer aigu. La ligne est une lanière de cuir de phoque non tanné, de quinze mètres de longueur et coupée circulairement dans la peau. Une bande de même nature, garnie de nœuds et de lacets, sert de panneau à lapins. La lampe est un plat de stéatite [1] de quinze centimètres sur vingt, et de la forme d'une écaille d'huître [2]. La marmite est un ustensile carré, taillé dans la même pierre. Le briquet est un morceau de granit dur sur lequel on bat un morceau de fer brut ; pour mèche on a de la mousse séchée et pour amadou le délicat duvet qui entoure les fleurs du saule nain.

A cette époque de l'année (fin janvier), l'obscurité diminuait peu à peu, quoiqu'il ne fît pas encore jour, même à midi. Cependant le crépuscule s'éclairait graduellement, ce qui permettait de recommencer à poursuivre le gibier.

C'est alors que Hayes eut l'occasion de constater que l'ours polaire n'est pas aussi féroce qu'on le croit généralement et qu'il n'attaque l'homme que lorsqu'il est ardemment poursuivi et réduit aux abois.

« Un jour, dit-il, que je flânais sur le rivage, observant avec beaucoup d'intérêt l'effet des marées du printemps sur les glaces, je me trouvai, en contournant un promontoire, à la faible clarté de la lune, face à face avec un ours énorme. Il avait sauté du haut de la glace de terre et s'avançait au grand trot. Nos yeux se rencontrèrent au même instant. Je n'avais d'armes d'aucune espèce, et je tournai ma course vers le navire en faisant à peu près les mêmes réflexions que le vieux Jack Falstaff, à la vue de Douglas se précipitant vers lui [3].

1. Pierre tendre, de couleur verdâtre, dite aussi pierre de lard.

2. Cette lampe, nommée *ikkunner*, sert à la fois à échauffer la hutte de neige et à faire la cuisine.

3. Allusion à la IVe scène du Ve acte de la première partie du *Roi Henri IV*, pièce de Shakespeare. Falstaff, se trouvant attaqué par Douglas, se jette à terre comme s'il était mort ; puis, quand il se trouve seul, il se relève et, se félicitant de son stratagème, il dit : « La meilleure part de la valeur, c'est la pru-

Après quelques longues enjambées, ne me sentant pas encore happer, je regardai par-dessus mon épaule et, à ma joyeuse surprise, je vis l'ours courant de son côté vers l'eau avec une célérité qui ne laissait aucun doute sur l'état de son esprit. Qui de nous deux avait eu le plus de peur ? »

Quelques jours après, Hans et son beau-père firent leurs préparatifs pour une chasse aux morses. Tout l'hiver ces amphibies avaient paru en troupes nombreuses sur la mer libre à l'ouverture du port, et, de la grève glacée, on entendait presque continuellement leurs cris retentissant au large. Leur chair est la principale nourriture des Esquimaux ; en effet, ceux-ci apprécient fort la viande des rennes, mais comme une sorte d'entremets seulement. Conséquemment, pour base d'un long et solide festin, rien, selon eux, ne vaut l'avouak, comme ils appellent le morse, en imitation de son cri. Il leur est aussi indispensable que le riz aux Hindous, le bœuf aux Gauchos de Buenos-Ayres et le mouton aux Tatares de Mongolie.

La chasse réussit à souhait. Hans et le vieillard, chargés de tout leur attirail en bon ordre, s'avancèrent vers la mer, où un grand troupeau de morses nageait près de la glace. En rampant à quatre pattes, ils s'en approchèrent sans être aperçus ; puis, arrivés assez près du bord, ils se couchèrent à plat ventre en imitant le cri d'appel de ces animaux. Bientôt toute la bande fut à portée de leur harpon. Alors, se relevant à la hâte, Hans ensevelit le sien dans une des plus grosses bêtes ; puis son compagnon tira sur la ligne et en noua solidement le bout à la hampe de sa lance, qu'il planta dans la glace en la maintenant avec force. L'animal luttait vigoureusement, plongeait dans la mer et se débattait comme un taureau sauvage saisi par le lasso ; Hans profitait de toutes les occasions favorables pour ramener la ligne à lui, jusqu'à ce

dence ; et c'est par cette meilleure part que j'ai sauvé ma vie. » La phrase restée célèbre, est souvent citée par les écrivains anglais.

COMBAT AVEC DES MORSES

qu'enfin sa proie fût attirée à six mètres environ. La lance et la carabine firent alors promptement leur œuvre. Quant aux autres morses, ils se sauvaient dans les eaux avec des cris d'alarme, leurs profondes voix de basse retentissant dans les ténèbres. Le bord de la glace se trouvant trop mince pour porter cet énorme gibier, il fallut attendre que le froid l'eût suffisamment épaissie. Les chasseurs amarrèrent donc solidement leur victime pour que la mer ne l'entraînât pas au loin. Le jour suivant, la croûte s'étant un peu solidifiée, ils s'occupèrent de détacher avec soin toutes les chairs, et dès lors ils possédaient pour longtemps une ample provision de graisse et de viande.

Il ne faut pas juger le morse, que l'on nomme aussi walrus, d'après la lourde apparence de son corps de limace et le regarder comme un animal peu formidable. Cet amphibie est plein de courage, au contraire, n'hésitant jamais à courir à l'appel d'un congénère en danger et à prendre son parti contre tout agresseur, quel qu'il soit.

Hayes en a été un exemple frappant. A la fin de son séjour au port Foulke, il avait, un peu à l'étourdie, lancé sa baleinière à la poursuite d'une bande de morses nageant à l'entrée du port. Tout d'abord, un vieux mâle avait été blessé et harponné. Ses cris désespérés attirèrent tout le troupeau. Jamais Hayes n'avait vu une telle réunion de corps noirs sillonnant la mer, ni entendu un tel concert de sons caverneux, tenant le milieu entre le rugissement du lion et le beuglement du taureau.

Il fallut combattre pour la vie. Si ceux qui montaient la baleinière avaient manqué d'activité et de sang-froid, leur embarcation eût été mise en pièces et tous auraient péri dans les eaux glacées ou sous la dent des morses. On ne saurait s'imaginer un assaut plus déterminé, plus furieux, que celui que les amphibies livrèrent aux chasseurs, ni se représenter d'ennemis plus effrayants que ces monstres à la gueule béante et aux longues défenses s'entre-choquant.

Contre de semblables adversaires, la carabine est d'un pauvre secours ; les chasseurs durent se servir énergiquement des rames et fuir à la hâte pour éviter d'être atteints et écrasés par la masse du troupeau.

CHAPITRE IV

LE PRINTEMPS. — EXCURSIONS PRÉLIMINAIRES. — DÉPART POUR LA TERRE DE GRINNELL.

D'après les calculs du docteur Hayes, le soleil devait paraître le 18 février.

« L'attente, dit-il, nous absorbait entièrement : chacun y pensait, chacun en parlait. Jamais bonheur ne fut aussi ardemment espéré que l'aurore promise l'était par nous, pauvres êtres au sang décoloré, sortant à peine de la longue nuit, étiolés à la lumière des lampes comme des plantes dans un souterrain.

« Sans cesse nous comparions aujourd'hui avec hier, avec la semaine passée.

« Le vieux cuisinier lui-même ne put échapper à l'épidémie régnante; il sortit du milieu des marmites et des casseroles et, abritant ses yeux de ses mains calleuses, il regarda en clignotant l'aube naissante : « Je trouve, dit-il, que cette nuit a été bien longue et j'aime à revoir encore une fois ce soleil de bénédiction! »

« Le maître d'hôtel avait la fièvre; il ne donnait pas au soleil le temps d'arriver : il le guettait éternellement et courait sur le pont et sur la glace, un livre à la main, essayant de lire à la clarté de l'aurore; son impatience ne connaissait plus de bornes.

« Le capitaine ne pense donc pas que le soleil paraisse avant le 18 ? Mais ne pourrait-il pas venir le 17 ? Le capitaine est-il bien sûr que nous ne le verrons pas le 16 ?

— Je crains fort, maître d'hôtel, que l'*Almanach nautique* ait raison.

— Mais l'almanach se trompe peut-être ! »

« Évidemment le brave homme se défiait de mes calculs.

» Cependant, au jour fixé, le soleil reparut. Dieu soit loué ! »

Ce jour-là, accompagné de Jansen, Hayes se dirigea vers le nord de la baie, à un point d'où l'on pouvait dominer l'horizon méridional et qui reçut le nom de « pointe du Soleil-Levant ».

A midi, le soleil allait franchir l'extrémité du cap Alexandre et dépasser la ligne du cap de la moitié de son disque. Il n'est pas besoin de dire avec quelle fiévreuse impatience le docteur l'attendait.

A l'heure dite, un rayon de lumière traversa les vapeurs vis-à-vis du cap, leur donnant l'apparence d'une mer de pourpre, et éclaira les sommets argentés des hauts monts de glace. Bientôt les falaises de la tête s'illuminèrent, les collines et les montagnes se dressèrent nettement dans leurs robes resplendissantes. Sous les pieds des spectateurs s'étendait une nappe de scintillantes pierreries et, tout d'un coup, le soleil jaillit au-dessus de l'horizon. Après une absence de cent vingt-six jours, il allait rappeler à la vie un monde endormi !

D'un mouvement spontané, Hayes et ses compagnons découvrirent leurs têtes et saluèrent avec de bruyantes clameurs de joie le voyageur depuis si longtemps attendu.

Le printemps était commencé et les indigènes ne paraissaient point à Etah, leur lieu habituel de résidence dans cette saison. Février allait finir et Hayes désespérait déjà de voir arriver ceux sur lesquels il comptait pour renouveler ses attelages, lorsqu'on lui annonça la présence de trois anciennes connaissances : Kalutunah, Tattarat et Myouk.

En 1854, Kalutunah, le meilleur chasseur de sa tribu, était angekok ou prêtre. Depuis, il avait été promu nalegak ou chef, dignité qui d'ailleurs ne lui conférait aucune puissance, les Esquimaux n'obéissant qu'à eux-mêmes et ne se soumettant à aucune autorité.

Le lendemain Hayes fit venir ce chef et entra en conférence avec lui, après avoir pris le soin de l'installer sur un baril isolé du reste de l'ameublement, en raison des nombreux insectes parasites qui fourmillaient sous ses fourrures.

Les traits de Kalutunah, taillés sur le même patron que ceux du beau-père de Hans, étaient beaucoup plus accentués. La peau était moins bistrée, la figure plus ronde, le nez plus épaté et plus arqué, la bouche plus élargie; lorsque le nalegak riait, ses petits yeux se contractaient et devenaient des fentes presque imperceptibles. Sur son menton et sur sa lèvre supérieure se dressait une broussaille de poils noirs et durs. Les ablutions étant encore inconnues aux tribus du Groenland septentrional, sa peau était couverte d'une épaisse couche de crasse; l'action du frottement l'avait fait disparaître en certains endroits, ce qui donnait à sa figure et à ses mains une apparence mouchetée.

En dépit de sa laideur et de sa malpropreté native, Kalutunah intéressa Hayes par sa simplicité joviale et sa naïve bonhomie. Il raconta au docteur ses affaires de famille et lui parla surtout de la grandeur future de son héritier, un jeune garçon de douze ans qui savait déjà prendre des oiseaux et s'exerçait à conduire un attelage.

L'épidémie qui avait enlevé les chiens de Hayes s'était également abattue sur ceux des compatriotes du nalegak, qui cependant se fit fort de fournir quelques bêtes de trait. En attendant, il offrit deux de ses quatre chiens à Hayes, qui en acheta un autre à Tattarat et échangea contre un beau couteau celui qui appartenait à Myouk.

Quelques jours après, Kalutunah revint dans un brillant

KALUTUNAH, CHEF D'UNE TRIBU D'ESQUIMAUX.

attelage, amenant toute sa famille : sa femme et quatre enfants. Il courait auprès du traîneau, faisant marcher les chiens plutôt par de douces paroles que par la brutalité habituelle aux indigènes. Sa femme, une belle matrone, était installée sur le devant, un nouveau-né dormait dans son ample capuchon; venait ensuite le fils aîné, l'orgueil de son père, dont il a été parlé plus haut; puis une fillette de sept ans; enfin, une autre fille, d'environ trois ans, enveloppée d'une immense quantité de fourrures, était attachée aux montants du traîneau.

Hayes se porta à sa rencontre.

« En voilà de beaux chiens! lui dit le chef en montrant l'attelage. Je viens pour vous les donner tous. »

Peu d'heures après arriva Myouk et sa femme, aux habits percés, portant son enfant sur son dos. Ils avaient fait à pied un voyage de 260 kilomètres.

Les arrangements de Hayes avec Kalutunah furent bientôt pris. Il devait aller vivre à Etah et chasser du mieux qu'il pourrait sans les chiens, que le docteur gardait tous. Les magasins de la colonie étaient à sa disposition et on devait lui fournir ce qui lui serait nécessaire.

Le lendemain, la hutte était nettoyée et préparée, et les Esquimaux s'y installèrent aussi confortablement que possible.

Actuellement, Hayes avait deux attelages remontés au grand complet et, dans son voisinage immédiat, dix-sept Esquimaux, hommes, femmes et enfants. Si quelques-uns ne lui causèrent que des ennuis, il en fut largement dédommagé par la bonne volonté des autres, en particulier par celle de la belle-mère de Hans et de la femme de Kalutunah, qui confectionnaient pour les explorateurs des bottes esquimaudes, chaussure indispensable dans ces régions. Hans, fort habile chasseur, rendait plus de services que les autres indigènes.

Quant à Kalutunah, il venait chaque jour au port Foulke et entrait dans la cabine du docteur en ami privilégié. Sa joie fut au comble quand celui-ci lui proposa d'être le conducteur d'un de ses attelages. Dès le lendemain, il demanda à être chargé seul du soin des chiens de trait.

Hayes aurait fait volontiers une excursion d'essai vers le nord ; mais la mer n'était pas encore prise autour de la pointe du Soleil-Levant et les aspérités du sol ne permettaient pas le traînage en terre ferme.

Cependant, avant de commencer ses voyages d'exploration, il désirait ardemment recouvrer le corps de M. Sonntag.

Il alla en conférer avec Kalutunah, qui proposa de se rendre au cap Alexandre, afin de s'assurer si la glace marine était assez solide pour porter un traîneau.

Son rapport ayant été favorable, M. Dodge fut chargé d'aller chercher les dépouilles du jeune savant. Il partit avec les deux attelages que conduisaient Hans et Kalutunah.

Cinq heures après, on était arrivé à Sorfalik et l'on trouva facilement l'endroit cherché. Hans se rappelait une haute falaise au pied de laquelle reposait la hutte funéraire. Mais celle-ci se trouvait profondément enfouie sous la neige, et il fallut creuser longtemps dans la masse durcie. La nuit était tombée sur ces entrefaites ; les travailleurs s'enveloppèrent dans leurs fourrures et s'endormirent, malgré une température de 42° centigrades au-dessous de zéro.

Dès que parut le jour, les traîneaux reprirent le chemin de la veille. Pendant la nuit, les vents et la marée avaient emporté une partie des glaces entassées autour du promontoire. Heureusement, au prix de quelques dangers, on réussit à franchir un endroit perfide où la banquette de glace qu'on était forcé de suivre se trouvait un peu inclinée. Un des traîneaux faillit être précipité dans la mer, et Kalutunah n'échappa au péril que par un mouvement habile, exécutable seulement pour un conducteur émérite, habitué à de semblables éventualités.

Le surlendemain, les funérailles furent accomplies avec

toutes les formalités requises. Le cercueil, recouvert du drapeau national des États-Unis et escorté de tout l'équipage, fut porté à l'observatoire, théâtre des études du jeune savant, et descendu dans sa froide couche. Au-dessus, Hayes fit construire un rectangle de pierres, à la tête duquel il plaça une stèle ou dalle polie portant cette inscription :

†

AUGUSTE SONNTAG

MORT

EN DÉCEMBRE 1860,

AGÉ DE 28 ANS.

Le 16 mars, par une température qui, de tout l'hiver, n'avait été aussi froide, la mer se solidifia pour la première fois autour de la pointe du Soleil-Levant. Hayes se décida à partir. Les préparatifs étant achevés depuis plusieurs semaines, on ne perdit pas de temps en préparatifs. Jansen conduisait un traîneau attelé de neuf chiens et Kalutunah, un autre tiré par lui.

Le début ne fut pas heureux. En arrivant à la pointe, on trouva la glace raboteuse et peu solide. Elle se rompit sous le poids des chiens, qui s'enfouirent dans la mer avec le traîneau et leur conducteur Jansen ; Hayes, assis à l'arrière, avait eu le temps de se jeter de côté. Kalutunah accourut à la rescousse. Jansen, les chiens et le traîneau furent retirés de leur bain glacé. Heureusement on n'était qu'à huit kilomètres du navire ; on y retourna pour faire sécher bêtes et gens. Au bout d'une heure, tout était réparé ; on se remettait en route et, grâce aux précautions prises, la pointe fut heureusement doublée.

La glace était assez unie le long de la côte, et les traîneaux,

LE TOMBEAU DE SONNTAG.

peu chargés, marchaient rapidement. Au moment où la nuit allait se faire — on n'était pas encore arrivé aux longues journées d'été — on fit halte sous le cap Hatherton, pour y passer la nuit. Le campement arctique fut bientôt organisé ; il consistait simplement à attacher les chiens et à creuser dans un banc de neige une tranchée destinée à servir d'abri et de couche aux voyageurs. A l'extérieur, le thermomètre marquait 42° centigrades au-dessous de zéro.

Hayes ne fut pas fâché de se remettre en route le lendemain, pour se réchauffer par la marche. La glace étant tout aussi favorable au delà du cap Hatherton, il ne mit pas trop de temps à atteindre le promontoire au nord de l'anse de la Brume (*Fog Inlet*). En approchant de la pointe, il aperçut un cairn perché sur un rocher élevé, et ne se rappelant pas que cet amoncellement fût l'œuvre de quelque bande appartenant à l'expédition Kane, il arrêta le traîneau et se rendit sur la terre ferme pour l'étudier de plus près. Il trouva à sa base une fiole de verre contenant la note suivante :

« Le steamer des États-Unis *l'Arctic*, envoyé à la recherche du docteur Kane et de ses compagnons, a touché en ce lieu, où il a trouvé pour uniques traces de leur passage un fragment de papier à cartouche, quelques capsules et une balle de carabine. De ce promontoire encore sans nom, nous nous dirigeons vers le cap Hatherton, pour y continuer nos recherches. « H. J. Hartstene. »

Heureux de cette trouvaille, qui lui donnait une preuve de plus de la sollicitude et de la protection dont le gouvernement américain entoure ses nationaux engagés dans des entreprises lointaines, il baptisa cet endroit du nom de *Cairn-Point* (pointe du Cairn), et il résolut d'en faire la première station de son voyage projeté.

Il résolut donc d'établir sur ce point un dépôt de vivres. Ne gardant sur les traîneaux que des provisions pour six jours, il déposa l'excédent dans une ouverture du rocher et le recouvrit de pierres pour le défendre des ours.

Le lendemain, la route fut des plus pénibles, malgré l'allègement des canots; on mit neuf heures à franchir une trentaine de kilomètres et l'on fut bien aise, à la nuit, de profiter d'un banc de neige pour y pratiquer un abri.

« Naturellement enclin aux innovations, écrit Hayes, je m'étais occupé, pendant que nous roulions par les glaces et les neiges, d'imaginer une hutte plus confortable que la caverne primitive du nomade Kalutunah.

« Le banc de neige que je choisis avait une paroi carrée d'environ un mètre cinquante de haut. Ayant grimpé sur le sommet, nous creusâmes un trou de un mètre quatre-vingts de long sur un mètre trente-six de large et un mètre vingt de profondeur, en laissant entre notre excavation et la paroi extérieure du monticule un mur de soixante centimètres de diamètre. Sur l'ouverture je plaçai un des traîneaux recouvert du tablier de toile dont on se servait pour renfermer les bagages, et l'on entassa quatre-vingt-dix centimètres de neige au-dessus. Par une fissure pratiquée dans l'épaisseur de la muraille, nous insérâmes notre literie de peaux de bison, plus celles de nos provisions qui n'étaient pas placées dans les boîtes de fer et enfin tous les articles où nos chiens auraient pu mettre la dent ; car ils dévorent même leur harnais de cuir. On y poussa ensuite les quartiers de neige durcie, puis nous nous fourrâmes nous-mêmes dans notre repaire, en forçant des blocs de neige dans l'ouverture : nous étions logés pour la nuit.

« N'ayant à faire qu'un voyage de courte durée, je m'étais permis de prendre une assez bonne provision d'alcool, comme le meilleur combustible qu'on puisse employer dans l'atmosphère confinée d'une hutte de neige. Une flamme bleue et livide se refléta bientôt sur nos visages, notre bouilloire de fer battu fut remplie de neige et commença à chanter sa chanson joyeuse, mais l'eau fut bien longue à bouillir : avec une petite lampe et par un froid pareil, ce n'est pas chose facile ; quelques tasses de thé brûlant nous restaurèrent enfin, puis, les feuilles ayant été jetées dans un coin, on remit de la neige dans la bouilloire, où du bœuf et des pommes de terre conservées nous firent un plat excellent. Quand nous l'eûmes dépêché, chacun alluma sa pipe et se roula dans sa peau de bison pour passer de son mieux le reste de la nuit.

« Malgré toutes les précautions, je ne pus obtenir qu'un relèvement de 12°, la température, dans notre bouge, se maintenant à 30° au-dessous de zéro.

« Le lendemain, en sortant de notre tanière, je restai en extase devant le spectacle que j'avais devant les yeux. Jamais œil humain ne vit matinée plus pure ni plus resplendissante. Ce monde de blancheur étincelait au soleil ; la plaine glacée, les hummocks, les icebergs et les hautes montagnes éblouissaient le regard : pas un souffle n'agitait l'air.

« Alors j'apportai le thermomètre et le plaçai à l'ombre d'un iceberg, m'attendant à le voir s'élever ; mais non : la petite colonne rouge descendit presque jusqu'à la cuvette, et ne s'arrêta qu'à 58° de l'échelle centigrade. »

Hayes prolongea son excursion jusqu'à ce qu'il se fût assuré que la route vers le nord était impraticable par les côtes groenlandaises. Dès qu'il eut acquis cette conviction, il reprit le chemin du port Foulke.

En revenant au navire, il passa auprès des ruines d'anciennes habitations d'Esquimaux. Consulté à ce sujet, Kalutunah répondit que, d'après les traditions, la race des Esquimaux s'étendait jadis fort au loin, dans le nord et le sud, et prospérait dans des parages qui ne sont aujourd'hui que des déserts glacés ; que les glaces avaient envahi la baie de Melville ; que les bœufs musqués, dont on ne voit plus que des ossements épars, à l'est du détroit, avaient disparu avec les pâturages qui les nourrissaient.

BŒUF MUSQUÉ (OVIBOS MOSCHATUS).

A en juger par les nombreux vestiges d'habitations trouvés par Kane jusqu'au pied du glacier de Humboldt, compris entre 78° et 80° de latitude, et vus plus tard par Hayes, plus au nord encore, sur la terre de Grinnell, il est certain que le refroidissement de ces régions aurait été subit et moins ancien que ne l'admettent actuellement les théories scientifiques.

A peine les voyageurs eurent-ils dépassé la pointe du Cairn qu'ils furent assaillis par une tempête terrible, sous une température de 48° au-dessous de zéro. La neige les cinglait avec furie ; mais les chiens, se sentant près du but, couraient avec une rapidité vertigineuse, et les cinquante-quatre kilomètres qui les séparaient du navire furent franchis en trois heures et demie.

Pendant la semaine suivante, les traîneaux ne cessèrent d'aller et venir entre le port Foulke et la pointe du Cairn, pour transporter à ce dernier endroit les provisions indispensables à la campagne polaire.

Sur ces entrefaites, Kablunet, la belle-mère de Hans, fut atteinte d'une maladie de poitrine qui l'emporta en quatre jours, en dépit des soins que lui prodigua le docteur Hayes et des médicaments qu'il lui administra. Ce triste événement aurait détruit, dans l'esprit des indigènes, son prestige de kagosak (docteur), si à ce moment même n'avait paru une aurore boréale. Sa réputation compromise fut sauvée par Jansen, qui, en homme adroit, avertit les Esquimaux que ce phénomène entravait absolument l'effet des médecines du chef blanc.

Une heure après sa mort, Kablunet fut cousue dans une peau de phoque. Hans l'emporta sur son traîneau jusqu'à une gorge voisine, où il la déposa parmi les rocs et amoncela sur elle un tas de grosses pierres.

Merkut, la fille de la morte, fut la seule qui donna quelques signes de douleur et de regret. Après le départ de ses compatriotes, elle resta près de la tombe et tourna autour pendant environ une heure, murmurant à voix basse les louanges de sa mère ; puis elle se retira après avoir placé sur les pierres le couteau, les aiguilles, le fil de nerfs de phoque dont Kablunet se servait quelques jours auparavant.

Le thermomètre s'étant un peu élevé, le départ fut annoncé pour la soirée du 3 avril. Le soleil descendait encore au-dessous de l'horizon, mais la nuit crépusculaire permettait déjà de marcher et de réserver le jour aux campements. Si basse que soit la température, pourvu que l'air soit calme, l'exercice réchauffe toujours assez, et la chaleur est beaucoup plus nécessaire pour les haltes ; en outre, la réverbération des glaces au grand soleil de midi est excessivement fatigante pour la vue, et il est assez difficile de se préserver de « l'ophthalmie des neiges », affection aussi douloureuse qu'incommode ; pour s'en garantir autant que possible, chacun portait des lunettes en verre bleu.

Les compagnons de Hayes, officiers ou matelots, étaient au nombre de douze.

Tout fut prêt à sept heures, et quand la petite bande s'assembla sur la glace auprès de la goélette, le coup d'œil était aussi pittoresque qu'animé. En avant, Jansen déroulait avec impatience sa longue mèche de fouet ; huit chiens attelés à son traîneau, *l'Espoir*, avaient l'air d'être aussi pressés que lui. Venait ensuite Knorr avec six chiens et *la Persévérance*, au montant de laquelle flottait une petite bannière bleue portant sa devise : « Toujours prêt. » Huit vigoureux gaillards se disposaient à tirer un troisième traîneau au moyen de cordes fixées à une sangle de toile qui entourait leurs épaules.

Auprès de ce véhicule se tenaient Mac Cormick et Dodge, qui devaient le piloter au milieu des hummocks. On y avait installé un bateau sauveteur en fer de sept mètres trente de long, avec lequel Hayes espérait se lancer dans la mer polaire. Son mât était dressé avec les voiles déployées ; au-dessus d'elles flottait fièrement un pavillon qui avait déjà fait deux campagnes arctiques, au retour d'une autre dans les régions australes. On avait hissé la flamme de signaux à l'arrière. Le soleil brillait sur le port, l'enthousiasme débordait, chacun se sentait prêt aux plus dures épreuves.

Les applaudissements éclatèrent pendant que Hayes descendait l'escalier de glace. A un signal donné, Radcliffe, auquel il laissait le soin du navire, tira le canon.

« En route ! » cria Mac Cormick ; les fouets claquèrent, les chiens sautèrent dans leurs colliers, les hommes tirèrent sur leurs câbles, les traîneaux s'ébranlèrent : on était parti.

CHAPITRE V

LA TERRE DE GRINNELL. — LA MER POLAIRE.

Le lendemain du départ, la tempête se déchaîna. Le thermomètre marquait 37° au-dessous de zéro, et trois des hommes furent sérieusement atteints par le froid. Les autres étaient complètement démoralisés. Hayes eut beaucoup de peine à ranimer son monde. Il y parvint néanmoins, et malgré les éléments, qui firent rage pendant dix jours consécutifs, on poursuivit l'exploration.

Après avoir été chercher les provisions déposées au cap Hatherton, Hayes se dirigea vers la terre de Grinnell à travers le détroit de Smith, chaos indescriptible de glaces amoncelées, avec des traîneaux faiblement chargés dont les chiens tiraient les deux plus petits. Les champs de glace ne laissant entre eux que quelques centimètres de surface plane, il fallait cheminer à travers ces baies et souvent escalader des barrières de trois mètres de hauteur relative, mais effectivement au-dessus du niveau de l'océan. Après avoir essayé de franchir une crête plus rude que les autres, il fallait s'ouvrir un sentier au pic ou à la pelle, pour être encore forcé de retourner en arrière et de chercher un passage moins impraticable. Parfois on rencontrait une brèche inégale et tortueuse, sur laquelle on faisait quelques kilomètres avec facilité.

Les ouvertures qui séparaient les blocs disloqués étaient souvent à demi cachées par des ponts de neige. On croyait alors pouvoir passer; mais, au beau milieu, un homme plongeait jusqu'à la ceinture, un autre jusqu'aux épaules, un troisième disparaissait entièrement; le traîneau se cassait, et l'on perdait des heures entières à opérer le sauvetage, surtout si, comme cela arrivait souvent, il fallait en enlever tout le chargement.

Hayes dut alors renoncer à la pensée de transporter son embarcation sur l'autre rive du détroit de Smith. Son seul désir était d'arriver à la terre de Grinnell avec autant de vivres que possible. Mais ses hommes seraient-ils capables de porter leurs provisions, outre celles qui lui étaient nécessaires pour que le fruit de ses pénibles travaux ne fût pas perdu? Jusque-là, malgré le froid, les fatigues, la tempête, le danger, ils étaient restés fidèles au devoir. Et pourtant, comment leur demander de nouvaux efforts pour une entreprise au succès de laquelle ils ne croyaient pas et où, dès le début, ils avaient compris qu'ils avaient à faire le sacrifice de leur vie?

Le 24 avril, Hayes ne se trouvait qu'à cinquante-cinq kilomètres de la pointe du Cairn, quoique, en raison des tours et détours, il eût fait cinq fois plus de chemin. Vers le nord, au-dessus de la mer de glace, la terre de Grinnell se dressait comme pour l'encourager à persévérer.

Le 27, il se résolut à renvoyer ses hommes à la goélette, ne gardant avec lui, pour tenter la dernière lutte, que ses chiens et trois de ses compagnons, Knorr, Jansen et le matelot Mac Donald. Il donna à Mac Cormick toutes les instructions nécessaires pour que le navire fût prêt au moment de la débâcle; il devait faire creuser la glace tout autour pour former un bassin et réparer les avaries, raccommoder les espars[1] et mettre des pièces aux voiles.

1. Longs mâtereaux de sapin qui servent ordinairement à faire des mâts de canot ou de chaloupe.

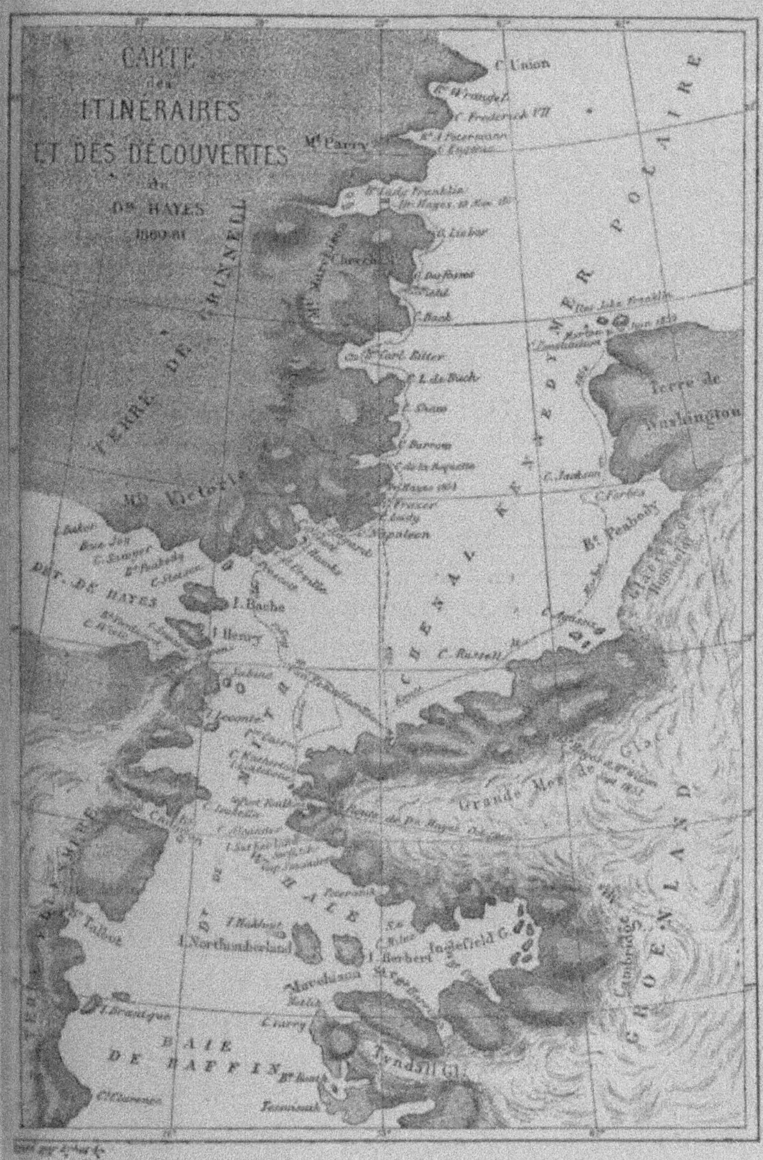

ITINÉRAIRE ET DÉCOUVERTES DU DOCTEUR HAYES.

Hayes n'osait trop compter sur le succès de ce dernier effort ; mais, quelque périlleux qu'il fût, il croyait de son devoir de le tenter.

Le 28 avril, la petite caravane ainsi réduite se plongeait dans les glaces.

La première étape fut la plus rude de ce pénible voyage. Devant les voyageurs se dressait une terrible chaîne qu'ils ne purent franchir qu'après avoir déposé leurs fardeaux. Le traîneau de Knorr fut brisé ; on le raccommoda à grand peine. Celui de Jansen chavira à la descente d'une pente escarpée et blessa à la jambe un chien qu'il fallut dételer et qui suivit en boitant. Quelques heures après, on retourna chercher les provisions laissées en arrière. On avait avancé de trois kilomètres en ligne droite ; en raison des détours, il fallait en compter sept, ce qui donne vingt-deux kilomètres pour les trois fois qu'ils eurent à parcourir cette route abominable.

Nous ne suivrons pas étape par étape les courageux explorateurs dans cette traversée qui, affirme Hayes, « n'a pas sa pareille dans les aventures arctiques ». A vol d'oiseau, on compte à peine cent cinquante kilomètres de la pointe du Cairn (Groenland) au cap Hawks (terre de Grinnell), et cependant ils mirent juste un mois à parcourir cette distance : en moyenne, quatre kilomètres par jour ! La route qu'ils étaient forcés de prendre avait au moins le triple de la ligne directe ; car, comme ils avaient dû le faire le premier jour, ils se voyaient obligés de franchir un certain nombre de kilomètres de cette route sinueuse trois fois, souvent même cinq, selon qu'il leur fallait diviser la cargaison en deux ou trois parts ; ils ont donc probablement fait trente kilomètres par jour, huit cents en totalité. Ils mirent quatorze jours à franchir les soixante-quinze derniers kilomètres. Le lecteur comprendra combien la tâche était rude, quand il saura qu'une semblable distance peut être parcourue en cinq heures par un attelage de force moyenne sur de la glace ordinaire, et le fatiguerait

DANS LES HUMMOCKS.

moitié moins qu'une seule heure de tirage au milieu de ces hummocks qui semblent se multiplier sous les pas.

Le chien esquimau court plus volontiers sur la glace unie, avec un fardeau de cinquante kilogrammes, qu'il n'en traîne douze sur une route qui le force de marcher à pas lents.

La voracité avec laquelle les animaux de cette race se jettent sur leur pâture surpasse tout ce qu'il est possible d'imaginer. Rien n'échappe à leurs crocs aigus. Si l'on n'y prenait pas garde, ils dévoreraient leurs harnais, et, lors des haltes, il fallait cacher dans la hutte tout ce qui aurait pu tomber sous leurs dents.

Un soir, le 5 mai, ils n'avaient eu pour ration qu'une livre et demie par tête. Dans leur terrible faim, ils démantibulèrent le traîneau de Jansen, que les voyageurs, trop fatigués pour le décharger, s'étaient contentés de couvrir d'un mètre de neige. Les brutes en éparpillèrent tout le contenu et essayèrent d'entamer les boîtes de fer-blanc; elles mangèrent les bottes de rechange, le dernier rouleau de courroie qui restât, des bas de fourrure et brisèrent la pipe d'écume de mer que Knorr avait imprudemment laissée accrochée aux montants. L'une d'elles déchira un sac plein de tabac et dévora le tout; une autre avala l'unique morceau de savon que possédassent les voyageurs.

Enfin, le 11 mai, la caravane atteignait la terre de Grinnell et campait sous le haut promontoire qui porte le nom de cap Hawks.

« Je me trouvais fort heureux d'abord, écrit Hayes, d'avoir atteint la côte, en dépit de si terribles obstacles; mais, quand je vins à réfléchir sur ma position et à la comparer avec mes espérances passées, je ne me sentis plus le cœur au triomphe. Ces trente et une journées perdues à traverser le détroit; ce bateau impossible à transporter; ma troupe forcée de retourner au navire : que d'échecs à mes plans primitifs!

« En outre, l'extraordinaire brèche faite aux vivres par les rations que, contre tout calcul, nous devions donner aux chiens, sous peine de les voir succomber à la fatigue, avait tellement diminué nos ressources, que je ne pouvais plus penser à prolonger beaucoup mon exploration.

« Nos bêtes mangeaient plus du double de ce qui leur est habituellement nécessaire en voyage : cette consommation et les petits dépôts que je laissais pour notre retour avaient réduit leurs provisions de pâtée à trois cents livres, qui devaient fournir à peine à douze de leurs repas quotidiens.

« Tout au plus avais-je le temps d'étudier les routes de la mer Polaire, en vue d'une plus longue exploration, ajournée à l'été suivant, si alors je réussissais à amener la goélette vers la rive occidentale. J'avais, en un mot, à étudier les chances qui, dans ce cas douteux, me resteraient pour l'exécution de projets déjà très compromis par notre hivernage sur les côtes du Groenland.

« Je ne m'attendais certes pas à franchir les glaces disloquées à la course; mais je n'étais nullement préparé à les trouver si formidables, et le triste échec de ma troupe portait un terrible coup à mes espérances. »

Hayes ne s'arrêta au cap Hawks que le temps de reposer les attelages, et commença à remonter la ligne de côte. Le jour même, il arrivait au cap Napoléon. Le chemin était loin d'être favorable. La configuration des côtes empêche les vents de souffler dans la baie, et les neiges, à peine durcies, rendaient la marche fort pénible. Les traîneaux y enfonçaient jusqu'aux traverses et les chiens jusqu'au ventre. Pour comble de misère, Jansen s'était cruellement blessé à la jambe et ne pouvait plus marcher. Mais une halte était impossible ; une partie des bagages fut transportée sur le second traîneau, et Hayes, Knorr et Mac Donald, se passant une sangle aux épaules, tirèrent aussi bravement que la plus forte bête de l'attelage.

Le lendemain, on put gagner la glace de terre et, pour la

première fois depuis la pointe du Cairn, les chiens prirent le grand trot. En peu d'heures, on arriva au nord du cap Frazer. Hayes se trouvait alors dans le canal de Kennedy, où il avait à peine pénétré en 1854. La glace de l'entrée paraissant tout aussi mauvaise que celle du détroit, il fut obligé de suivre la côte, même pour traverser la baie de Gould, qui s'ouvre entre les caps Leidy et Frazer. C'est cette baie, déjà visitée par lui en 1854, qu'il avait choisie pour son hivernage et qu'il aurait voulu atteindre l'automne précédent.

Sur une des terrasses schisteuses qui s'élèvent en cet endroit, il découvrit les vestiges d'un camp esquimau; il obtenait la confirmation des traditions de Kalutunah. On en voit de semblables partout où les Esquimaux séjournent pendant l'été. C'est tout simplement un cercle de trois mètres soixante-cinq de diamètre, formé de lourdes pierres avec lesquelles les indigènes assujettissent le bord intérieur de leur tente de cuir, et qu'ils laissent à l'endroit où ils les ont placées lorsqu'ils retirent les peaux pour aller camper ailleurs.

Pendant que ses compagnons préparaient le souper, Hayes escalada la colline pour se rendre compte de sa position. A l'est se déroulait un horizon immense, et l'atmosphère était si pure que dans cette direction la vue aurait pu atteindre à plus de cent kilomètres. Cependant aucune côte n'était visible, d'où le docteur conclut que le canal Kennedy est plus large que ne l'avait supposé Kane.

La température s'était tellement adoucie que les voyageurs pouvaient dormir en plein air dans leurs traîneaux; le thermomètre était à 5° au-dessous de zéro et s'éleva bientôt à 1°, le point de congélation.

« Le soleil, dit Hayes, nous inondait de ses flammes pendant que nous soufflions sous notre pesant fardeau de fourrures. L'air nous semblait étouffant. Jeter nos habits sur le traîneau et poursuivre notre route en manches de chemise fut notre

VESTIGES D'ANCIENNES HABITATIONS D'ESQUIMAUX (SOUS 80° DE LATITUDE N.)

premier mouvement; mais il était de toute importance d'épargner à nos chiens une livre de poids inutile, et chacun dut garder ses vêtements et transpirer comme une éponge.

« Cette chaleur insolite était bien loin de venir à propos; la neige commençait à se ramollir, et nous nous trouvions à une si grande distance du port Foulke! Jansen avait l'œil ouvert sur notre ligne de retraite : il connaissait par expérience la rapide dissolution des glaces, qui à Upernavik l'avait souvent, à la même époque de l'année, jeté dans de sérieux embarras. Pour moi, j'attendais la débâcle générale à la mi-juin.

« Le printemps (si on peut l'appeler de ce nom) s'avançait à grands pas, les oiseaux commençaient à paraître : sur le versant de la colline, les petits bruants de neige venaient pépier autour de nous; au-dessus de nos têtes, un couple de bourgmestres se dirigeait droit au nord, comme vers un point connu, vers quelque retraite lointaine, sur une île baignée des vagues; en passant, ils nous jetèrent un cri comme pour nous demander si, nous aussi, nous n'avions pas la même destination. Perché sur la falaise, un corbeau nous croassait son lugubre bonjour, — un mauvais présage peut-être. Un de ces oiseaux nous avait tenu compagnie tout l'hiver au port Foulke, et celui-ci avait l'air de vouloir aussi partager nos aventures, ou du moins les miettes de nos repas; il nous resta fidèle pendant plusieurs jours, s'abattant sur notre camp abandonné aussitôt que nous nous mettions en route.

« La côte que nous suivions est fort curieuse à étudier : c'est une ligne de falaises très élevées, de formation silurienne — grès et calcaire — et fortement désagrégée par les influences alternantes du froid et du dégel. Derrière elle se dresse une longue chaîne de pics élevés. La neige en revêtait les pentes d'une blancheur uniforme, mais je n'y ai pu distinguer de glaces : la côte de Grinnell ne présente point de glaciers, bien différente en cela du Groenland et des rivages sud de la terre d'Ellesmere du capitaine Inglefield. »

OISEAUX DES MERS ARCTIQUES; BOURGMESTRE ET CANARD-EIDER.

La glace de terre était très difficile et les voyageurs ne pouvaient contourner certains glaciers qu'avec les plus grandes difficultés et les plus extrêmes fatigues. Pendant un de ces affreux passages, Jansen tomba encore sur sa malheureuse jambe et, pour comble d'infortune, il prit un effort dans les reins en soulevant un traîneau.

C'était un fatal accident; il privait Hayes du plus robuste de ses compagnons!

Le lendemain matin, Jansen ne pouvait plus se mouvoir. Hayes se décida à le remettre aux soins de Mac Donald et à continuer sa route avec Knorr. Il laissa au matelot cinq chiens et lui enjoignit de l'attendre pendant cinq jours; puis, en cas de malheur, et l'on pouvait en craindre un du froid ou des glaces pourries, de tâcher de regagner le port Foulke.

A cette époque, Hayes se trouvait déjà plus au nord que n'était parvenu, en juin 1854, c'est-à-dire un mois plus tard dans la saison, le lieutenant Morton, de l'expédition Kane. Il voulait pousser aussi loin que le permettaient ses ressources, atteindre la plus haute latitude possible, et se former une opinion définitive sur la mer du pôle et sur les chances de la parcourir avec le navire ou un de ses bateaux. L'obscurité croissante du ciel au nord-ouest lui annonçait la présence des eaux, en même temps que le terme prochain de son expédition.

Une course de quatorze heures amena les voyageurs à la pointe méridionale d'une baie tellement profonde que, selon leur usage, ils préférèrent la traverser plutôt que de suivre les sinuosités de la rive. Mais ils se trouvèrent bientôt sur une glace de formation récente, et l'instinct des chiens les avertit du danger. Ces intelligents animaux s'avancèrent d'abord sur cette surface traîtresse avec des précautions inusitées, puis s'éparpillèrent à droite et à gauche en refusant d'aller plus loin.

Deux heures d'efforts impuissants démontrèrent à Hayes

l'impossibilité de traverser le golfe sur la glace marine et la nécessité de suivre le contour de la côte. Mais la côte du golfe se trouvait à une distance d'environ quatre-vingts kilomètres, et la baisse de ses provisions ne lui permettait pas un aussi long détour, qui eût demandé deux jours, sinon trois.

Exténués par les labeurs de la dernière étape, les voyageurs campèrent où ils se trouvaient.

Le lendemain matin, Hayes escalada la pente escarpée de la colline à l'abri de laquelle il avait reposé et se hissa sur une saillie de rocher à deux cent cinquante mètres environ au-dessus du niveau de la mer.

Il comprit alors clairement pourquoi il avait été forcé de battre en retraite. C'était la mer libre du pôle!

Ici nous devons laisser parler le docteur Hayes.

« Partout les glaces paraissaient dans le même état qu'à l'ouverture de la baie. Une large crevasse, partant du milieu du golfe, se dirigeait vers la mer. Ramifiée de nombreuses fissures dans sa course sinueuse vers l'orient, elle s'étendait comme le delta d'un puissant fleuve et, sous le ciel noir qui s'abaissait sur toute la zone du nord-est, allait se perdre dans la mer libre. Dans l'extrême lointain se profilait vaguement contre le sombre horizon du nord la croupe blanchie d'un noble promontoire, la terre la plus septentrionale qu'on connaisse maintenant sur le globe. Mon estime la place à 82° 30', de latitude, à 825 kilomètres du pôle. Entre elle et nous surgissait une autre pointe hardie, et plus près encore du cap vers lequel je dirigeais notre course la veille, une fière montagne s'élevait majestueusement de la mer et semblait porter jusqu'au firmament sa tête couronnée de neige. Je ne voyais d'autre terre que la côte où nous nous trouvions.

« Au-dessous de moi, la mer étalait sa nappe immense, bigarrée de taches blanches ou sombres, ces dernières indiquant les endroits où la glace était presque détruite ou avait entièrement disparu ; au large, ces taches se montraient plus foncées et plus nombreuses, jusqu'à ce que, devenues une bande de bleu noirâtre, elles se confondissent avec la zone du ciel où se reflétaient leurs eaux. Les vieux et durs champs de glace (dont les moins grands mesuraient à peine moins d'un kilomètre), les rampes massives de la berge et les débris amoncelés qui en marquaient les bords, étaient les seules parties de cette vaste étendue qui conservassent encore la blancheur et la solidité de l'hiver.

« Tout me le démontrait : j'avais atteint les rivages du bassin polaire et le large Océan s'étendait à mes pieds! Terminée par le promontoire qui là-bas se dessinait sur l'horizon, cette terre que je foulais était une grande saillie se projetant au nord, comme le Cevero-Vestochnoï hors de la côte opposée de Sibérie. Le petit ourlet de glace qui bordait les rives s'usait rapidement : avant un mois la mer entière, aussi libre de glaces que les *eaux du nord* de la baie de Baffin, ne serait interrompue que par quelque banquise flottante, errant çà et là, au gré des courants ou de la tempête.

« Il m'était donc impossible d'aller plus loin. La crevasse dont j'ai parlé eût déjà suffi pour nous empêcher d'atteindre le nord de la baie ; au large, les glaces paraissaient encore plus en mauvais état. Plusieurs flaques d'eau s'ouvraient près de la côte, et sur l'une d'elles venait de s'abattre une bande de dovekies (*uria grylle*, ou guillemot noir). En remontant le canal Kennedy, j'avais reconnu nombre de leurs stations d'été, mais je fus assez surpris de voir les oiseaux eux-mêmes à une époque si peu avancée de la saison. Les mouettes bourgmestres volaient au-dessus de nous, se dirigeant vers le nord et cherchant les eaux libres pour leur nourriture et leur demeure. On sait qu'autour des lieux qu'elles fréquentent l'été, il n'y a jamais de glace après les premiers jours de juin. »

Hayes avait atteint son but. L'approche du printemps, la rapidité du dégel, la certitude que la mer rongeait déjà le détroit de Smith, par la mer de Baffin au sud, par le canal de Kennedy au nord, tout l'avertissait qu'il n'avait pas de temps à perdre s'il ne voulait gravement compromettre son retour aux côtes du Groenland.

Il ne lui restait plus qu'à hisser ses pavillons, en témoignage de sa découverte, et à déposer sur les lieux une preuve de sa présence. Les flammes américaines, attachées à une mèche de fouet et suspendues entre deux hauts rochers, flottèrent à la brise pendant que les deux compagnons élevaient un cairn; puis, déchirant une feuille de son cahier de notes, Hayes écrivit les lignes suivantes :

« Ce point, le plus septentrional qu'on ait encore pu atteindre, a été visité les 18 et 19 mai 1861 par le soussigné, accompagné de George F. Knorr et voyageant en traîneau tiré par des chiens. De notre hivernage près du cap Alexandre, à l'entrée du détroit de Smith, nous sommes arrivés ici après une pénible marche de quarante-six jours. Je crois, d'après mes observations, que nous sommes à 81° 35′ de latit. et 70° 30′ de longit. O. La glace pourrie et les crevasses nous empêchent d'aller plus loin. Le canal Kennedy paraît s'ouvrir dans le bassin polaire, et persuadé qu'il est navigable en juillet, août et septembre au moins, je retourne à ma station d'hiver pour essayer de pousser mon navire au travers des glaces, après la débâcle de cet été.

« J. J. HAYES.

« 19 mai 1861. »

Cette note fut placée dans une petite fiole et soigneusement déposée sous le monticule de pierres. Puis les deux explorateurs reprirent la route du sud.

« C'est avec répugnance, écrit Hayes, que je quittais ce lieu qui excerçait sur moi une puissante fascination; c'est avec des sensations inaccoutumées que je me voyais seul, avec mon jeune camarade, dans ces déserts polaires que nul homme civilisé n'avait foulés avant nous.

« Notre proximité de l'axe du globe, la certitude que, de nos pieds, nous touchions une terre bien au delà des limites des découvertes précédentes, les pensées qui me traversaient l'esprit en contemplant cette vaste mer qui s'étendait devant nous, l'idée que peut-être ces eaux ceintes de glaces baignent les rivages d'îles lointaines où vivent des êtres humains d'une race inconnue, tout cela paraissait donner je ne sais quoi de mystérieux à l'air même que nous respirions, tout cela excitait notre curiosité et fortifiait ma résolution de me lancer sur cet océan et d'en reconnaître les limites les plus reculées. Je me rappelais toutes les générations de braves marins qui, par les glaces, et malgré les glaces, ont voulu atteindre cette mer, et il me semblait que les esprits de ces hommes héroïques, dont l'expérience m'a guidé jusqu'ici, descendaient sur moi pour m'encourager encore. Je touchais pour ainsi dire « la grande et notable chose » qui avait inspiré le zèle du hardi Frobisher[1]; j'avais accompli le rêve de l'incomparable Parry[2]. »

Les explorateurs reprirent la route du sud au milieu d'une tourmente de vent et de neige. Cent dix-huit kilomètres les séparaient de l'endroit où ils avaient laissé Mac Donald et Jansen. Leurs chiens étaient tellement exténués, qu'ils pouvaient à peine mettre une patte devant l'autre et qu'ils tombaient à plat dès que le fouet ne faisait pas son office sans trêve ni merci. Mais il fallait marcher, car il ne restait pas un atome de provisions.

Aussi, après avoir rejoint leurs compagnons, se mirent-ils immédiatement en chemin. Jansen ne marchait encore que très difficilement; cependant, assis sur son traîneau, il se trouvait assez fort pour conduire son attelage.

Voici quelques extraits du récit de Hayes relatif à ce pénible voyage de retour.

1. Voy. l'avant-propos.
2. Voy., à l'appendice, l'appréciation de la mer Polaire.

M. HAYES, ARRIVÉ A LA MER LIBRE, ARBORE LE PAVILLON ÉTOILÉ. (P. 129.)

« Nos vivres étaient consommés jusqu'à la dernière once, et désormais nous étions condamnés à nous coucher sans souper si nous ne réussissions pas, dans notre journée, à atteindre une de ces *caches* où, sous un monceau de pierres, nous avions déposé les provisions nécessaires pour un repas. Restait à savoir encore si les ours ne les auraient pas découvertes.

« Après seize longues heures de marche, nous eûmes la bonne chance de trouver intact un de nos dépôts.

« Je pus, dans la soirée, mesurer quelques-uns des glaçons jetés sur le rivage par la pression de la banquise. En certains endroits, ils étaient entassés les uns sur les autres, de manière à former une barrière presque infranchissable; sur quelques points, ils avaient soulevé ou redressé la *banquette;* une table épaisse de vingt mètres et longue de trente-six, forcée de remonter la berge inclinée, avait poussé devant elle les débris accumulés à la base des rochers, puis, quand la cause de tout ce bouleversement avait dérivé plus loin, cette masse était restée encastrée sur le bord, son extrémité inférieure surplombant le plus haut niveau de la marée. D'autres blocs étaient empilés autour d'elle, et, forcés de contourner l'énorme amoncellement, nous dûmes grimper assez haut sur le flanc de la colline.

« L'étape suivante fut encore plus difficile. Après nous être engagés dans de profonds amas de neige, au-dessous du cap Frazer, nous ne pûmes réussir à atteindre les champs de glace, vu le mauvais état de la couche qui longeait le rivage. J'essayai par deux fois et fus sur le point de payer cher ces tentatives : un de nos attelages plongea dans la mer et nous eûmes beaucoup de peine à l'en retirer; puis, comme, selon mon habitude, je servais de pilote à notre petite bande, le bâton à glace avec lequel je sondais le terrain s'enfonça subitement et disparut sous la croûte pourrie. Nous ne désirions guère prendre un bain froid; aussi cet avertissement nous fit retourner à la glace de terre.

« La route se trouva beaucoup meilleure dans la baie, au-dessous du cap Napoléon, et nous atteignîmes le cap Hawks en deux journées. Il nous fallait maintenant reprendre notre ancienne voie et rentrer dans les blocs des glaces disloquées.

« Il était tombé de la neige ; mais, en plusieurs endroits, le vent l'avait balayée de dessus les traces que nous avions laissées en allant vers le nord, ce qui nous permit de retrouver facilement les petits dépôts dont nous les avions jalonnées. A une exception près, ceux-ci avaient échappé aux recherches des ours ; mais notre première étape, à partir du cap Hawks, ayant été franchie assez rapidement, nous pûmes économiser la première cache que nous rencontrâmes et nous faire ainsi une réserve d'un jour d'approvisionnement : bonne fortune sur laquelle nous n'avions pas osé compter.

« La côte du Groenland parut enfin à l'horizon ; elle s'éleva peu à peu, et nous arrivâmes en vue de Cairn-Point. Pourtant l'état du ciel, depuis quelque temps, nous annonçait la rapide approche de la débâcle et révélait une mer ouverte s'étendant jusqu'au cap vers lequel nous nous dirigions. Au nord seulement du promontoire, la glace paraissait solide encore, et, pensant atterrir dans cette direction, nous nous dirigeâmes sur l'ancienne couche raboteuse et épaisse, en évitant avec soin la nouvelle, poreuse partout et déjà complètement usée en divers endroits. A près de deux kilomètres de la terre, s'ouvrait une fissure de trente centimètres de largeur seulement ; nous sautâmes par-dessus et continuâmes notre route. Par malheur, un vent violent soufflait du détroit et, non loin du rivage, l'eau, nous barrant le chemin, nous força de retourner au large. A notre stupéfaction, à notre horreur, pourrais-je dire, la crevasse que nous avions traversée s'ouvrait maintenant d'une vingtaine de mètres : nous étions sur un glaçon qui dérivait vers la haute mer !

« Son mouvement, du reste, s'opérait avec lenteur. Après quelques instants d'indécision sur ce que nous avions à faire, nous nous aperçûmes que le bord extérieur de ce glaçon marchait seul assez vite, tandis son extrémité opposée restait presque stationnaire : un petit iceberg, échoué sur le fond et encore attenant à notre radeau, formait un pivot autour duquel nous commencions à tourner. S'il pouvait résister, le glaçon devait immanquablement frapper la terre. Revenant donc à l'espoir, nous allâmes de ce côté.

« L'évènement si ardemment désiré ne se fit pas attendre; la marée haute nous favorisait et, au moment même de la collision, nous nous élançâmes prestement sur la glace de terre. Le contact ne fut pas de longue durée; la glace pourrie se détacha de l'iceberg qui nous avait donné un secours si opportun, et nous ne fûmes pas fâchés de la voir s'éloigner sans nous.

« Nos chiens, qui avaient vaillamment supporté les fatigues du voyage vers le nord, étaient en ce moment complètement fourbus. Les faibles rations du retour avaient été insuffisantes pour réparer leurs forces : en outre, nous n'avions pas prévu qu'il leur faudrait traîner Jansen quelques jours durant. Dès notre première journée au milieu des glaces, l'un d'entre eux mourut dans les convulsions ; deux autres le suivirent bientôt, et je me décidai à en fusiller un quatrième qui ne pouvait plus ni tirer, ni même suivre. A ma grande surprise, aussitôt que la balle l'eut atteint, ne le blessant que légèrement, mais lui arrachant un cri terrible, ses camarades lui coururent sus et le dévorèrent en un clin d'œil; ceux qui furent assez heureux pour happer quelque fragment, déchiraient les derniers lambeaux de sa chair que l'écho de son hurlement s'éteignait à peine dans les solitudes.

« Au-dessus de la pointe du Cairn, la mer était encombrée de glaces éparses, évidemment détachées par une tempête très récente. En longeant la terre, nous pûmes descendre le long de la côte et arriver au cap Hatherton; mais, plus loin, la banquette elle-même avait disparu et il nous fallut monter sur le rivage. Comme il était impossible de franchir les montagnes avec les traîneaux, nous les abandonnâmes pour revenir plus tard les chercher avec une embarcation.

« Exténués comme nous l'étions, et souffrant cruellement des pieds, la route de terre nous parut très longue et très fatigante; mais nous nous en tirâmes encore mieux que les chiens. Dès qu'ils se sentirent débarrassés de leurs traîneaux, la plupart d'entre eux s'écartèrent et refusèrent de nous suivre; nous les appelâmes en vain; mais je ne m'en inquiétai pas davantage, pensant qu'une fois reposés ils sauraient bien trouver notre piste. Trois seulement nous restèrent fidèles : notre brave vieux Ousisoak, Arkadik, sa vaillante compagne, et Nénok, le plus beau des chiens de Kalutunah. Trois autres n'ont pas tardé à nous rejoindre; mais j'ai envoyé inutilement à la recherche des quatre derniers. Je crains qu'ils n'aient pas eu la force de se traîner jusqu'ici. »

Le 3 juin, après deux mois d'absence, après avoir parcouru 2300 kilomètres, 3000 même, si l'on y ajoute sa première excursion du mois de mars, Hayes rentra au port Foulke.

Dans son voyage de retour, Hayes avait reconnu un détroit, dont l'ouverture est un peu plus large que celle du détroit de Smith, mais qui se rétrécit promptement. A ce détroit, qui sépare la terre de Grinnell de la terre d'Ellesmere, Hayes avait tout d'abord imposé le nom de son navire; il porte aujourd'hui le sien.

Actuellement le docteur était certain que le canal de Kennedy est navigable; il lui restait à s'assurer si le détroit de Smith lui livrerait passage... Il avait rapporté de son exploration la conviction que, chaque été, une route vers le pôle s'ouvre au nord du cap Frazer; non pas que cette route soit absolument libre de glace, mais elle est praticable; la vraie difficulté à résoudre est de parvenir au cap ci-dessus désigné. Si Hayes avait eu un bateau à vapeur, il n'aurait pas douté du succès; mais avec un navire à voiles il était loin d'avoir la même certitude.

Il ne désespérait pas néanmoins. Il connaissait mieux les glaces du détroit, et la délimitation précise de la ligne des côtes lui permettait de calculer correctement l'influence de la débâcle d'été. Les glaces pourries (désagrégées) du canal Kennedy, à une époque de l'année aussi peu avancée que le mois de mai, et l'existence d'une mer libre au delà du canal, ne lui laissaient aucun doute sur la possibilité d'y naviguer dans une saison qui ne serait pas exceptionnellement défavorable.

Malheureusement, la goélette était dans un état déplorable, et il ne pouvait songer à gagner avec elle le canal Kennedy et par suite la mer Polaire. Il ne pouvait compter, pour les tentatives d'une autre année, ni sur les traîneaux, ni sur l'embarcation, puisque avec ces seules ressources il n'avait pu réussir à transporter son bateau par-dessus les terribles glaces du détroit de Smith. D'un autre côté, il était plus pauvre en chiens que jamais. Un des six qui avaient survécu au voyage était mort d'épuisement quelques jours après, et un autre avait été rendu à Kalutunah.

Hayes prit donc la résolution de retourner en Amérique, d'y radouber le navire, d'ajouter la vapeur à ses ressources et de revenir immédiatement.

Cette décision prise, le docteur alla faire une dernière visite d'étude au glacier du Frère-Jean et campa pendant une semaine au bord du lac Alida.

La neige avait presque complètement disparu de la vallée; la verdure émaillait les bords du lac et les bourgeons laissaient échapper leurs petites feuilles. Les troupeaux de rennes descendaient des montagnes pour paître l'herbe nouvelle. Des milliers de guillemots nains, de la grosseur d'une caille, étaient posés sur les pourtours du lac, perchés sur les falaises, ou fendaient les airs en troupes si serrées que parfois elles semblaient un nuage noir et cachaient le soleil [1]. »

L'aspect du Frère-Jean s'était considérablement modifié; d'énormes blocs détachés gisaient épars dans la vallée; le glacier lui-même s'inclinait plus encore sur sa pente et s'avançait vers la mer d'une façon continue et irrésistible. Hayes constata qu'en six mois, c'est-à-dire depuis l'époque où il l'avait vu, il était descendu de trente mètres vers la mer.

Le surlendemain de son arrivée au lac Alida, le docteur prévint Kalutunah qu'il désirait assister à une chasse aux guillemots. Tout fier de la faveur que lui faisait le grand chef, Kalutunah se présenta de bonne heure à la tente de Hayes, qu'il conduisit vers les rochers de la côte. Il portait, au bout d'un bâton de plus de deux mètres de longueur, un petit filet de légères courroies en cuir de phoque, nouées très ingénieusement.

Après avoir longtemps trébuché sur les pierres raboteuses et tranchantes, Hayes et son compagnon parvinrent à la moitié de la hauteur des falaises et se tapirent derrière un rocher.

Les oiseaux couvraient une pente de près de deux kilomètres de large; on les voyait sans cesse passer à quelques pieds des rochers, parcourant dans leur vol rapide toute l'étendue des falaises, pour revenir un peu plus haut dans les airs et recommencer encore le même circuit. Parfois des centaines ou plutôt des milliers de ces jolis oiseaux s'abattaient soudain comme à l'ordre de quelque chef et, en un clin d'œil, sur une superficie d'une dizaine de mètres, les rocs disparaissaient sous la bande pressée; leur dos noir et leur poitrine d'un blanc pur bigarraient fort agréablement la colline.

Hayes suivait leurs évolutions avec beaucoup d'intérêt; mais Kalutunah, tout entier à sa besogne, le pria de ne plus

1. Comme tous les autres palmipèdes arctiques, le guillemot (petit pingouin de Buffon) se nourrit des diverses variétés d'invertébrés marins, crustacés pour la plupart, qui pullulent dans les mers polaires. C'est cette abondance de la vie organique dans les eaux boréales qui y attire ces oiseaux pendant la saison des couvées, qui commence en juin et finit en août.

relever la tête : les oiseaux l'apercevaient et volaient beaucoup trop haut. Il fit comme le désirait son sauvage compagnon, et la chasse commença bientôt. Ils s'approchaient tellement d'eux que le docteur aurait pu en abattre avec son bonnet.

Kalutunah s'était préparé sans bruit ; il lança son filet au milieu d'une troupe épaisse, et une demi-douzaine d'oiseaux, étourdis par le coup, restèrent engagés dans les mailles ; il fit prestement glisser le bâton et, comprimant d'une main les pauvres petites créatures, pendant que de l'autre il les sortait une à une, il écrasa leur tête entre ses dents et croisa leurs ailes sur leur dos pour les empêcher de voleter plus loin ; puis le vieux barbare regarda Hayes d'un air de triomphe en crachant le sang et les plumes qui lui remplissaient la bouche. Il continua à jeter son filet et à le retirer avec la même dextérité, jusqu'à ce qu'il eut mis une centaine de victimes dans son sac.

Le docteur retourna alors au camp faire un excellent repas de ce gibier ainsi capturé au mépris de toutes les règles de l'art. Carl prépara un immense salmis, pendant que le nalegak se divertissait à déchirer les oiseaux et à en dévorer la chair crue encore toute chaude.

La goélette était toujours emprisonnée dans les glaces ; mais le vent chassait dans la baie d'immenses débris formés par la débâcle ; les banquises voguaient au large et la mer dégagée s'avançait à moins de huit cents mètres du navire. On était arrivé au 22 juin, jour précis où le soleil atteint, dans ces régions, sa plus grande déclinaison australe ; le minuit de l'hiver était passé, la lumière succédait aux ténèbres constantes et un monde d'activité joyeuse remplaçait la pénible solitude d'autrefois.

L'hiver était passé, les fleurs allaient émailler la terre, le temps des oiseaux et des chants était revenu !

La journée du 3 juillet fut signalée par une chasse aux morses qui peut compter dans la vie d'un chasseur. Cet épi-

CHASSE AUX GUILLEMOTS.

sode du voyage de Hayes est trop intéressant pour que nous ne le laissions pas le raconter lui-même.

« Ce matin, j'étais sur la goélette, occupé à choisir l'emplacement d'un cairn, lorsque mon oreille fut frappée de rauques beuglements. En me tournant vers le large, je vis la banquise poussée par la marée en travers de l'ouverture de notre petit golfe et toute couverte de morses remplissant l'air de leurs cris bizarres. Ils faisaient songer aux troupeaux du vieux Protée ; les glaçons en étaient chargés aussi loin que l'œil pouvait s'étendre. On les aurait comptés par centaines et par milliers.

« Je me hâtai de revenir à bord et de faire appel aux gens de bonne volonté. Bientôt une baleinière portant trois carabines, un harpon et des rouleaux de lignes fut traînée sur la glace et lancée rapidement à la mer. Il nous fallut ramer pendant quatre kilomètres avant d'atteindre le bord de la banquise. Deux ou trois douzaines de morses étaient couchés sur le glaçon vers lequel nous nous dirigions. Ils le couvraient presque en entier. Pêle-mêle les uns contre les autres, étendus au soleil, ou s'étirant et se roulant paresseusement, comme pour exposer à ses rayons toutes les parties de leur lourde masse, ils ressemblaient à des pourceaux gigantesques, se vautrant avec délices : évidemment ils ne soupçonnaient pas le danger. Du reste, nous nous approchions secrètement, ayant mis des sourdines à nos avirons.

« A mesure que diminuait la distance entre nous et notre gibier, nous commencions à comprendre que nous aurions affaire à de formidables adversaires. Leur aspect était effrayant au possible, et nos sensations peuvent se comparer à celles du conscrit lorsqu'il entend pour la première fois l'ordre de charger l'ennemi. Si la honte de l'aveu ne nous eût retenus, nous aurions tous, je crois, préféré battre en retraite. Leur peau rude et presque sans poil, épaisse de deux centimètres et demi, me rappelait singulièrement la cuirasse d'un vaisseau blindé, pendant que les énormes défenses qu'ils brandissaient avec une vigueur que leur gaucherie ne diminuait en rien, menaçaient de terribles accrocs les bordages de l'embarcation et les côtes du malheureux qui aurait la mauvaise chance de tomber à la mer au milieu de ces brutes. Pour compléter la laideur de leur expression faciale, que les défenses rendaient déjà assez formidable, la nature leur a donné un large museau épaté, dont la partie inférieure est toute parsemée de rudes moustaches semblables aux dards du porc-épic et remontant jusqu'au bord de narines très ouvertes. L'usage qu'ils font de ces piquants est aussi problématique que celui de leurs défenses; je suppose que ces dernières leur servent à la fois d'armes de combat et de dragues pour détacher du fond de la mer les mollusques qui forment leur principale nourriture.

« Deux vieux mâles du troupeau partageaient leur loisir entre le sommeil et les querelles; de temps à autre, ils s'accrochaient par leurs défenses, comme pour s'entamer la face, quoique du reste ils parussent traiter la chose avec assez d'indifférence, leurs dents ne faisant point brèche dans leur derme épais. Ces dignes personnages, qui devaient avoir environ 5 mètres de longueur, et dont la circonférence égalait celle d'une barrique, relevèrent la tête à notre approche et, après nous avoir considérés à leur aise, parurent trouver que nous ne méritions pas une plus longue attention. Ils essayèrent encore de se transpercer mutuellement, puis retombèrent endormis sur la glace.

« Ce calme indifférent était bien un peu alarmant pour nous. S'ils avaient montré le moindre signe de crainte, nous aurions pu y puiser quelque encouragement; mais ils semblaient faire si peu de cas de nos personnes qu'il ne nous fut pas très facile de conserver le front d'airain avec lequel nous nous étions jetés dans l'aventure. Cependant il était trop tard pour reculer; nous avançâmes donc, tout en nous préparant au combat.

« Outre les deux mâles, le groupe contenait plusieurs femelles et des jeunes de tailles diverses, quelques-uns encore à la mamelle, des veaux d'une année et d'autres parvenus déjà aux trois quarts de leur croissance. Les premiers n'avaient pas encore de dents; elles commençaient à poindre chez les autres, celles des plus âgés étaient de toutes les grandeurs; les défenses des deux taureaux, cônes solides d'ivoire recourbé, avaient à peu près un mètre.

« Il est probable qu'aucun d'eux n'avait vu le bateau; mais, quand nous fûmes arrivés à trois longueurs d'embarcation de leur radeau de glace, la bande entière prit l'alarme. Nous étions prêts pour l'attaque. Le morse enfonce toujours dès qu'il est mort, à moins qu'on ne le retienne au moyen d'une forte ligne, et nous n'avions que deux chances de nous rendre maîtres de notre gibier : il fallait, ou bien le harponner solidement, ou bien le tuer sur le glaçon même, chose assez difficile, car l'épaisseur de leur derme détruit la force du plomb avant qu'il ait pu atteindre quelque partie vitale; souvent même il s'aplatit sur la surface; enfin, le crâne est si dur qu'une balle ne peut guère y pénétrer qu'à travers l'orbite de l'œil.

« Miller, froid et courageux marin qui avait poursuivi les baleines dans les parages du nord-ouest, prit le harpon et se tint à l'avant, pendant que Knorr, Jansen et moi nous étions à l'arrière, nos carabines en main. Chacun choisit son but et nous tirâmes ensemble par-dessus les têtes des rameurs. Aussitôt que les armes furent déchargées, j'ordonnai de laisser porter, et le canot fila comme une flèche au milieu des animaux effrayés, qui se précipitaient pêle-mêle dans la mer.

« Jansen avait atteint un des taureaux au cou, et Knorr tué un des jeunes, qui fut entraîné à l'eau dans le tumulte général et coula immédiatement. Ma balle pénétra quelque part dans la tête de l'autre vieux mâle et lui arracha un beuglement terrible, plus fort, j'ose le dire, que celui du taureau sauvage des Prairies. Pendant qu'il roulait dans la mer, soulevant des flots d'écume qui nous couvraient de leurs fusées, il faillit atteindre la proue du canot, et Miller, en habile chasseur, profita de cet instant pour lancer son harpon.

« Le troupeau tout entier plongea dans la profondeur des eaux et la ligne se déroula sous le plat-bord avec une vitesse alarmante ; mais nous en avions une bonne provision et elle n'était pas encore au bout de son rouleau, qu'elle commençait à se détendre : les animaux remontaient. Nous ramenâmes la ligne à nous, en nous tenant prêts pour ce qui allait suivre. La ligne vint à s'emmêler en ce moment autour d'une des pointes des glaces qui flottaient autour de nous, et nous aurions couru un fort grand péril, si un des matelots n'eût lestement sauté parmi les glaçons et dégagé la ligne ainsi que la baleinière.

« Quelques minutes après, le troupeau reparaissait à la surface de la mer à environ cinquante mètres de nous, et entourant encore l'animal blessé. Miller tirait vigoureusement sur le harpon et la bande entière s'élança vers notre canot. Alors commença une scène impossible à décrire. Tous poussaient avec ensemble le même cri sauvage, lamentable appel d'une créature aux abois ; l'air retentissait des voix rauques qui se répondaient. Le *heuk, heuk, heuk* des taureaux atteints semblait trouver partout des échos et passait de glace en glace comme le clairon des batailles se répétant d'escadron en escadron. De chaque radeau flottant, les bêtes effarouchées se précipitaient dans les ondes comme le matelot se jette à bas de son cadre au bruit du branle-bas. Leur tête monstrueuse au-dessus des eaux, leur bouche grande ouverte, vomissant sans relâche leur lugubre clameur, ils s'avançaient vers nous de toute la vitesse de leurs nageoires.

« En peu de minutes, nous fûmes entièrement cernés. Le

nombre des morses se multipliait avec une rapidité merveilleuse; la surface de la mer en était toute noire.

« Ils paraissaient d'abord timides et irrésolus, et nous ne pensions guère qu'ils méditassent un mauvais coup; mais notre illusion fut bientôt dissipée et nous vîmes qu'il fallait veiller soigneusement à notre salut.

« Nous ne pouvions plus en douter : ils se préparaient à une attaque, et le temps nous manquait pour fuir le dangereux guêpier où nous venions de nous fourrer si imprudemment. Miller n'avait pas lâché prise, et le morse blessé, devenu le point central d'un millier de gueules béantes et mugissantes, nageait maintenant à notre poursuite.

« Évidemment ces animaux voulaient percer de leurs défenses le plat bord de l'embarcation. Si nous leur laissions le temps de l'atteindre, le canot serait mis en pièces et les hommes lancés à la mer : nous n'avions pas une seconde à perdre. Miller saisit sa lance et en porta aux assaillants plus d'une terrible blessure; les matelots faisaient force de rames, et nous chargions et déchargions nos carabines avec toute la célérité possible. Un coup de gaffe, une balle ou la lance du harponneur venait à la rescousse, à l'instant du péril; une ou deux fois cependant, chacun de nous put croire sa dernière heure arrivée.

« Un morse énorme, à la physionomie brutale et féroce, s'élançait contre nous et allait aborder le canot; je venais de tirer, il ne me restait plus le temps de recharger mon fusil et je me préparais à le lui plonger dans la gorge, lorsque M. Knorr l'arrêta soudain par une balle dans le crâne.

« Une autre bête monstrueuse, la plus grosse que j'aie jamais vue et dont les défenses avaient un mètre de longueur au moins, traversait le troupeau et nageait sur nous, la gueule béante et mugissant avec furie. Je rechargeais encore mon arme, Knorr et Jansen venaient de tirer et les hommes étaient aux avirons. Ma carabine fut prête au moment critique; l'énorme animal, élevant sa tête au-dessus du canot, allait s'abattre sur le plat bord, quand j'épaulai mon fusil et le déchargeai dans la gueule du monstre; il fut tué sur le coup et coula immédiatement comme une pierre.

« Ce fut la fin de la bataille. Je ne saurais dire ce qui leur donna subitement l'alarme, mais les morses plongèrent soudain en faisant rejaillir à grand bruit les eaux tout autour d'eux. Quand ils remontèrent, ils beuglaient encore, mais ils étaient à quelque distance de nous et, leurs têtes tournées vers la haute mer, ils détalaient aussi vite que possible, leurs cris s'affaiblissant à mesure que s'accroissait la distance qui nous séparait.

« Nous avons dû en tuer ou en blesser deux douzaines au moins, car en certains endroits l'eau était toute rouge de sang et plusieurs animaux flottaient autour de nous dans les dernières convulsions de l'agonie.

« Le taureau harponné essaya de s'enfuir avec ses camarades, mais ses forces l'abandonnèrent; nous le sentions faiblir et tirions sur la ligne; bientôt nous le ramenâmes assez près de nous pour que nos balles pussent le blesser dangereusement. La lance de Miller lui donna le coup de grâce, puis nous le halâmes sur un glaçon, et j'eus bientôt un magnifique spécimen à ajouter à ma collection d'histoire naturelle. Nous ne réussîmes à en capturer qu'un second, tous les autres ayant coulé avant que nous eussions réussi à en approcher.

« Jusqu'alors je n'avais pas regardé le morse comme un animal redoutable, mais ce combat me prouve que je ne rendais pas justice à son courage. Ce sont des batailleurs fort acharnés; sans notre sang-froid et notre activité, le canot aurait été mis en pièces, et nous-mêmes aurions été noyés ou déchirés. On peut à peine rêver d'ennemis plus effrayants que ces monstres énormes, aux gorges mugissantes, aux défenses formidables. A la prochaine rencontre, je veux armer de lances tout l'équipage : la carabine n'est pas toujours suffisante en pareil cas, puisque, sans l'énergique emploi de nos gaffes et de nos avirons, nous étions, ce jour-là, infailliblement atteints et coulés. »

Le 11 juillet, la houle se maintint, les crevasses s'étendirent et l'eau toucha le navire.

Assez tard dans l'après-midi, la glace s'ouvrit tout auprès de la goélette et, quelques minutes après, une fente se formait diagonalement au navire. L'avant se dégagea assez vite, mais l'arrière tenait encore, et les secousses imprimées à la goélette faisaient craquer toutes les pièces de la membrure. A la fin, la passe, qui avait été préalablement sciée en prévision de cet évènement, s'élargit ; un roulis détache la glace de dessous la poupe et le navire se trouve à flot, mais non sans dégâts.

Le 13, Hayes prit congé de ses amis les Esquimaux, qui avaient planté leurs tentes tout près du campement des explorateurs. Il se sentit réellement triste de quitter ces braves gens, dont chacun lui avait rendu à sa manière des services importants. L'empressement qu'ils avaient mis à placer à sa disposition leurs attelages, sans lesquels il n'aurait absolument rien fait, était la meilleure preuve qu'ils eussent pu lui donner de leur dévouement et de leur affection.

Leurs chiens sont leurs plus précieux trésors ; seuls ils empêchent la femme, les enfants, l'Esquimau lui-même de mourir de faim.

Le docteur s'efforça de venir en aide à la tribu et lui donna une foule de choses utiles ; mais il ne put leur rendre que deux bêtes de trait, les seules qui eussent survécu à toutes celles qu'elle lui avait fournies. Il leur promit de revenir bientôt, et cet espoir sembla les consoler un peu.

« Il est triste, dit Hayes, de penser à l'avenir de ces infortunés, et cependant ils contemplent leur future destinée, qu'ils jugent inévitable, avec un air d'indifférence difficile à comprendre.

« Kalutunah seul paraît sérieusement affecté devant la perspective de la désolation qui s'étendra avant longtemps sur leurs pauvres habitations. Cet être singulier, mélange de gravité, de bonhomie et d'intelligence, s'enorgueillit des traditions de sa race[1] et se montre réellement affligé de la voir peu à peu disparaître.

« Aujourd'hui, quand je lui ai pris les mains pour lui dire que c'était la dernière fois que je descendais à terre, des larmes ont brillé dans ses yeux, et il m'a profondément touché en me disant d'une voix suppliante :

« Reviens, pour nous sauver ! »

« Ah ! certes, si je le puis, je reviendrai et je les sauverai ; car, j'en suis sûr, aucun être de ce vaste monde ne mérite plus que ceux-là le dévouement des chrétiens. »

Ces races ont beaucoup de points dignes d'admiration. Elles ne soutiennent leur pauvre existence qu'au prix des plus énergiques combats contre des obstacles qui nous décourageraient : souvent des Esquimaux restent sans nourriture pendant des journées entières ; ils ne la conquièrent jamais qu'au prix du danger ; aussi le lien qui les rattache à la vie est-il bien faible.

Ils n'ont d'autre champ de récolte que la mer et, ne possédant pas de bateaux pour y suivre leur proie, ils doivent attendre que la marée ou le changement de saison ouvre quelques fissures, le long desquelles ils errent à la recherche des phoques ou des morses qui viennent y respirer.

Les chances incertaines de ces chasses difficiles les forcent souvent de s'abriter en hiver sous de grossières huttes de neige ; en été, ils n'ont que les oiseaux aquatiques, en place des animaux marins, qu'ils ne savent guère capturer lorsque les glaces ont dérivé au large.

Le lendemain, Hayes mettait à la voile ! La goélette marchait lentement, mais sans temps d'arrêt, à travers les

1. Voyez, à l'appendice, une notice sur les Esquimaux.

glaces disloquées, couvertes de boîtes vides, de chiens morts, de tas de cendres, reliques éphémères des dix mois d'hivernage.

Debout sur la berge, les Esquimaux suivaient leur ami des yeux.

Bientôt le port Foulke s'évanouit dans le lointain et la goélette sillonnait les eaux de la mer de Baffin.

CHAPITRE VI

LE GLACIER DE TYNDALL. — RETOUR A BOSTON.

On jeta l'ancre entre les îles Littleton et Mac Gary. C'était un bon mouillage ; mais une violente tempête, accompagnée d'épaisses ondées de neige, y retint la goélette pendant quelques jours.

Les gens de l'équipage trouvèrent quelques distractions dans la chasse : un troupeau de rennes campait dans l'île Mac Gary ; les morses pullulaient dans les eaux environnantes et couvraient au loin la berge, sur laquelle ils se reposaient au soleil. Hans en captura quatre, sans embarcation, au harpon, à la vraie manière esquimaude.

« Je désirais, écrit Hayes, avoir un jeune morse pour ma collection ; je choisis sur la plage celui qui me convenait et le tuai du premier coup.

« Toute la bande s'empressa de disparaître sous les eaux ; mais la mère ne parut quitter le bord qu'avec la plus grande répugnance. Quand, revenue à la surface et se tournant vers la terre, elle vit son petit gisant encore sur le rocher, quand elle s'aperçut qu'il ne répondait pas à ses cris d'appel, elle s'élança frénétiquement au-devant du danger ; en face même de la cause de ses maux (car j'avais eu le temps d'accourir), elle se traîna hors de l'eau et, tout en gémissant douloureusement, elle rampa autour du corps de ma victime et le poussa vers la mer. J'essayai d'abord de l'effrayer, et dans mon zèle de naturaliste, je tirai même sur elle ; mais, quoique grièvement blessée, elle réussit à cacher son petit sous sa poitrine et plongea avec lui dans les flots.

« Je n'avais jamais vu chez aucun animal d'exemple aussi touchant de dévouement maternel, et j'étais loin de m'attendre à le trouver chez les morses. »

Longeant les rives septentrionales de la banquise, Hayes se dirigea vers le nord-est au travers des eaux du nord, par une des plus charmantes journées qu'il eût encore vues sous le ciel polaire.

Laissons-lui encore la parole :

« Un faible zéphir ridait à peine la surface de la mer, et, par un soleil éblouissant, nous glissions sur les flots paisibles, semés partout de monts de glace étincelants et de débris de vieux champs de glace ; çà et là brillait quelque étroite bande de cristal détachée de la banquise.

« Les animaux marins et les oiseaux des cieux s'assemblaient autour de nous en animant les eaux calmes et l'atmosphère tranquille ; les morses s'ébrouaient et mugissaient en nous regardant ; sur notre passage, les phoques levaient leurs têtes intelligentes ; les narvals, en troupes nombreuses et soufflant paresseusement, émergeaient leur longue corne hors de l'eau, et leurs corps mouchetés dessinaient leur courbe gracieuse au-dessus de la mer, comme pour jouir du soleil, eux aussi ; des multitudes de baleines blanches fendaient les ondes ; l'air et les montagnes de glace foisonnaient de mouettes, et des bandes de canards et de petits pingouins volaient sans cesse au-dessus de nous [1].

« Assis sur le pont, je passai de longues heures à essayer, sans beaucoup de succès, de rendre sur mon papier les splendides teintes vertes des monts de glace qui voguaient près du navire, et à contempler un si merveilleux spectacle.

« Les cieux polaires sont de grands artistes en fantasma-

1. Cette abondance d'animaux dans les régions polaires a déjà causé l'étonnement de plusieurs voyageurs, entre autres de Hall.

gorie magique. L'atmosphère était d'une rare douceur, et nous rendit témoins d'un très remarquable mirage, phénomène assez fréquent, du reste, pendant les beaux jours de l'été boréal.

« L'horizon tout entier s'élevait et se doublait, pour ainsi dire : les objets situés à une très grande distance au delà montaient vers nous comme appelés par la baguette d'un enchanteur et, suspendus dans les airs, changeaient de forme à chaque instant. Icebergs, banquises flottantes, lignes de côtes, montagnes éloignées apparaissaient soudain, gardaient parfois leur contour naturel pendant quelques minutes, puis s'étendaient en long ou en large, s'élevaient ou s'abaissaient, selon que le vent agitait l'atmosphère ou retombait paisible sur la surface des eaux.

« Presque toujours, ces évolutions étaient aussi rapides que celles d'un kaléidoscope, toutes les figures que l'imagination peut concevoir se projetaient tour à tour sur le firmament. Un clocher aigu, image allongée de quelque pic lointain, s'élançait dans les airs ; il se changeait en croix, en glaive, il affectait une forme humaine, puis s'évanouissait pour être remplacé par la silhouette d'un iceberg se dressant comme une forteresse sur le sommet d'une colline.

« Les champs de glace qui le flanquaient prenaient peu à peu l'aspect d'une plaine parsemée d'arbres et d'animaux ; puis des montagnes déchiquetées, et se dissolvant rapidement, nous laissaient voir une longue suite d'ours, de chiens, d'oiseaux, d'hommes dansant dans les airs, et sautant de la mer vers les cieux. Impossible de peindre cet étrange spectacle. Fantôme après fantôme venait jouer son rôle dans le branle magique, pour disparaître aussi soudainement qu'il s'était montré.

« Cette merveilleuse féerie se prolongea durant une grande partie de la journée ; puis la brise du nord souleva les eaux, et la scène entière s'évanouit à son premier souffle, sans laisser plus de traces que la vision fantastique de Prospero[1]. Deux heures après, au milieu d'une terrible tempête de grêle et de pluie, nous luttions contre le vent, toutes les voiles serrées. »

Quelques jours après, Hayes visita en canot la baie de Barden et prit terre au nord-est de la baie ; le talus des collines était couvert, en maints endroits, de la plus riche verdure qu'il eût vue au nord d'Upernavik, si ce n'est, à son premier voyage, sur l'île Northumberland.

Ces pentes sont couronnées des mêmes hautes falaises qu'on retrouve partout et sur les parois desquelles les neiges fondues par l'été se précipitaient pour descendre au penchant des collines.

L'air était calme, le ciel presque sans nuages, le soleil resplendissant, et le thermomètre marquait 10° 1/2 au-dessus de zéro.

De nombreuses troupes de baleines ou de morses et quelques phoques isolés se jouaient sur les flots ; des bandes de palmipèdes planaient autour des monts de glace flottants ou tournoyaient dans l'air ; des milliers de papillons voltigeaient de fleur en fleur.

Un immense glacier, auquel Hayes imposa le nom du professeur John Tyndall et dont le fond est presque enseveli sous les eaux, attirait les regards de l'autre côté de la baie.

Au delà de la vallée où il s'étale, il s'étage en vastes plateaux d'une blancheur uniforme, entoure la base des collines, perce les nuages, reparaît au-dessus des traînées de vapeurs et se perd dans le ciel.

Ce large fleuve de glace, à la surface irrégulière et tourmentée, s'est ouvert un lit dans la mer et se fait à lui-même une ligne de côtes de près de quatre kilomètres de développement. Bien que sur une échelle réduite, Hayes avait devant les yeux tout le système glaciaire du Groenland.

Le lendemain, il explora soigneusement le glacier de Tyn-

1. Personnage de la *Tempête* de Shakespeare.

dall. Ces côtes de glace, qu'il longeait en canot à quelques mètres de distance, offraient toutes les apparences possibles et ne présentaient rien de cette uniformité habituelle aux parois antérieures d'un glacier.

C'était quelque chose de dévasté, comme le portique croulant d'un temple étrange et gigantesque.

LE GLACIER DE TYNDALL.

Ici, le comble saillant d'une cathédrale gothique; là, une fenêtre en ogive; plus loin, un porche normand à la baie profonde; puis des colonnes unies ou cannelées, des pendentifs distillant des gouttes de cristal de la plus belle eau : tout cela se baignant dans une douce atmosphère d'azur.

Au-dessus de ces arches merveilleuses, de ces galeries pleines d'ombre, quelques hauts clochers et des tours à créneaux se dressaient sur l'immense façade, puis se multipliaient en arrière.

Les teintes admirables de la mer et des glaces, les jeux de la lumière rappelaient au docteur cette splendide soirée passée au milieu des icebergs et décrite plus haut.

Nulle part, rien ne rappelait à l'esprit l'idée du froid ni de la désolation : la glace elle-même semblait pénétrée de la tiède haleine de l'air.

Hayes quitta la barque à l'ouest du glacier et dut se hisser le long d'un talus rapide, par des amas de boue et de pierres que les glaces avaient poussées hors de leur lit et qui se dérobaient sans cesse sous ses pieds.

« Parvenu au sommet, écrit-il, je ne vis plus qu'une forêt de flèches et de pyramides, parmi lesquelles il n'était pas facile de monter à l'assaut du glacier lui-même ; j'en étais, du reste, encore séparé par un torrent d'eau sale qui, se précipitant avec furie entre les boues et les rochers d'une de ses rives et les glaces qu'il usait dans sa course, me laissait admirer la structure stratifiée de la base du glacier.

« En le remontant toujours, j'arrivai à un lieu où le principal affluent du petit fleuve vient le rejoindre à angle droit, et je n'eus pas de peine à découvrir un gué au-dessus.

« Je suivis la branche orientale, qui bondissait de cascade en cascade, en s'ouvrant une route au travers des couches de glace inclinées sur un angle de 35 degrés, et je parvins à un point où le glacier formait un rempart très ébréché, très ruiné, mais dominant à pic, d'environ 45 mètres, la plaine où je me trouvais ; de dessous cette paroi, et par un tunnel gigantesque auprès duquel l'aqueduc de Croton[1] ne serait qu'un pygmée, s'élançait le torrent sauvage, sifflant et écumant, roulant ses flots de vase.

« Du cœur même de la glace, si pure et si translucide, s'é-

1. Aqueduc qui porte les eaux à New-York en traversant, par un pont superbe, le fleuve Hudson.

panchait ce fleuve fangeux qui me rappela la description que Virgile fait du Tibre, alors que le pieux Énée en vit pour la première fois les ondes troubles et jaunâtres à travers le brillant feuillage qui l'ombrageait.

« L'ouverture du tunnel avait environ dix mètres de haut et autant de large, et les voûtes en étaient composées d'arceaux gothiques de toutes formes, ciselés et cannelés avec l'art le plus merveilleux, et taillés dans un albâtre sans tache. Cependant, en s'enfonçant sous ces arches, on les voyait presque aussitôt s'assombrir en reflétant le noir torrent qui coulait au-dessous.

« En suivant une banquette glissante au-dessus des eaux furieuses, je m'avançai sous cette voûte jusqu'à ce que la lumière eût presque disparu derrière moi, et assez loin pour rencontrer à ma droite plusieurs autres tunnels qui venaient se joindre à celui que je parcourais, comme les petits conduits qui aboutissent à l'égout collecteur d'une grande ville.

« Retourné en plein air et continuant à remonter le glacier pendant près de quatre kilomètres, je découvris que le torrent prenait sa source dans la montagne à ma droite, où les neiges fondues se précipitaient sur les pentes rocheuses par un canal nouvellement formé, car les eaux roulaient au milieu de mousses et de dépôts sableux et vaseux; elles bondissaient comme une avalanche de la hauteur d'une centaine de mètres, pour s'engouffrer dans un abîme béant qui s'étend sans aucun doute sous la base du glacier.

« Là, les eaux, après avoir serpenté sur les rocs que recouvre le torrent, se sont ouvert une route jusqu'aux fissures formées par les glaces dans leur descente sur la rude et abrupte déclivité, puis se sont lentement creusé les passages que je viens de décrire.

« J'étais maintenant parvenu à la gorge par laquelle le glacier se déverse dans la vallée. La vue que l'œil embrasse de ce point doit ressembler à celle qu'on aurait de la mer de glace à Trélaporte dans les Alpes, si les Grandes Jorasses, le Tacul et les autres montagnes qui forment le bassin du glacier de Leschaux et de celui du Géant étaient toutes nivelées.

« Au lieu de la variété que présentent les amas de glaces des Alpes, on ne voit ici qu'une nappe immense, un unique courant, qui, en arrivant à la brèche, se resserre jusqu'à n'avoir plus que trois kilomètres et demi, puis, descendant vers la mer, se disloque et se brise sur lès anfractuosités d'une pente rapide.

« Je n'avais pas encore contemplé de spectacle qui dévoilât aussi clairement la marche des glaciers, ou qui démontrât mieux la parfaite similitude des fleuves d'eau courante et des fleuves d'eau congelée.

« Je ne pouvais escalader cette masse, mais mon œil en suivait les degrés gigantesques, franchissait la passe rocailleuse, montait toujours plus haut, vers le sommet vertigineux, et, de ce faîte de glace, revenait errer sur la mer et les montagnes.

« Jamais la grandeur et la puissance de Dieu ne m'avaient paru plus imposantes! Jamais aussi plus évidents le néant de l'homme et la vanité de ses œuvres.

« Je descendis en répétant les vers de Byron promenant son imagination de poète sur les flancs ceints de glace et les sommets neigeux des Alpes :

« Voici les palais de la nature, dont les vastes murailles élèvent jusqu'aux nues leur faîte couronné de neiges. Là se forme l'avalanche; là, calme et froide, sur un trône d'azur, siège l'Éternité! » (*Child-Harold*, ch. III, st. 42.)

Quelques jours après, la goélette arrivait à Upernavik.

A peine avait-elle jeté l'ancre qu'un vieux Danois, habillé de peaux de phoque, aborda le navire avec ses rameurs esquimaux, et, sans cérémonie aucune, grimpa par-dessus les passavants[1].

« Quelles nouvelles ? demanda Knorr au nouvel arrivant.

— Oh ! beaucoup, beaucoup de nouvelles, répondit le Danois en mauvais anglais,

— Lesquelles ? Dites vite !

— Oh ! les États du Sud contre les États du Nord... et il y a des combats partout. »

Hayes entendait cette réponse et se demandait par quelle étrange complication de politique européenne une nouvelle guerre s'était allumée.

Il fit appeler à l'arrière le Danois et lui demanda s'il savait quelque chose sur les États-Unis.

« Oh ! mais, répondit-il, c'est de l'Amérique, je vous dis ! Les États du Sud, vous voyez ! Contre les États du Nord, vous voyez ! Et querelles et combats partout ! »

Hayes écoutait et ne pouvait comprendre. A ce moment, un ancien ami, le docteur Rudolph, de retour de Copenhague, monta à bord et lui remit les lettres arrivées par le navire du Danemark.

Grâce à leurs correspondances et à quelques séries de journaux, les explorateurs apprirent les évènements qui s'étaient passés aux États-Unis à la fin de 1860 et au commencement de 1861 : l'élection de Lincoln et les orages qui la suivirent. Les nouvelles s'arrêtaient là et Hayes ignorait encore que la guerre fût déclarée[2].

1. Partie du pont supérieur d'un navire comprise entre l'avant et l'arrière et bordée par le bastingage (défenses mises autour du pont).

2. Le 4 juillet 1776, treize colonies américaines, insurgées contre l'Angleterre, se déclaraient indépendantes et se constituaient en confédération. D'après la Constitution qui fut votée le 17 septembre 1787 et qui fonda l'Union américaine, chaque État conservait ses lois spéciales et ses privilèges locaux, sans qu'il fût permis au gouvernement général d'y porter la moindre atteinte. C'est le régime observé dans la confédération Suisse. Aux treize États fondateurs s'en adjoignirent successivement beaucoup d'autres ; au moment où éclata ce que l'on a nommé

Quand Hayes arriva à Halifax[1], la triste vérité lui fut dévoilée : la lutte avait commencé et se poursuivait depuis plusieurs mois avec un acharnement égal de part et d'autre! il apprit coup sur coup la prise du fort Sumter, la destruction de l'arsenal maritime de Harper's-Ferry, la désastreuse bataille de Bull's-Run[2], la prise d'armes générale et l'élan des volontaires.

Quatre jours après, il arrivait à Boston[3]. Ce n'était pas le

la guerre de la Sécession, l'Union fédérale comprenait trente-trois États et huit territoires.

Cette guerre fratricide, la plus terrible des temps modernes, et peut-être de tous les temps, est née du violent antagonisme, économique et politique, existant depuis longtemps entre les États du Sud, producteurs, et les États du Nord, industriels. La question de l'abolition de l'esclavage ne fut introduite qu'après un an de guerre, et sur le refus des États du Sud de rentrer dans l'Union. — Abraham Lincoln, représentant les intérêts du Nord, fut élu président des États-Unis le 6 novembre 1860. Le 24 décembre suivant, la Caroline du Sud se séparait de la Confédération, exemple qui fut bientôt suivi par onze autres États. — Les hostilités s'ouvrirent le 8 janvier 1861 : une batterie de l'île Morris (Caroline du Sud) canonna un steamer du Nord. Elles se terminèrent en avril 1865 après une série de batailles meurtrières et lorsque le général Grant, depuis président des États-Unis, eut pris et brûlé Richmond, capitale de la Virginie et siège du gouvernement de la confédération du Sud. — Cette guerre civile coûta aux États-Unis une perte d'environ un million d'hommes et leur imposa une dette de onze milliards de francs ; en revanche, elle eut pour résultat l'affranchissement de quatre millions d'esclaves. — Les partisans du Sud avaient pris le nom de confédérés et les partisans du Nord celui de fédéraux.

La confédération du Sud se composait, comme je l'ai dit plus haut, de douze États : Caroline du Sud, Caroline du Nord, Georgie, Virginie, Tennessee, Louisiane, Mississipi, Alabama, Missouri, Arkansas, Floride et Texas. Jefferson Davis en fut nommé président le 8 février 1861.

1. Capitale de la Nouvelle-Écosse, port situé sur la vaste baie Shebucton, où mille navires peuvent mouiller à l'aise. — La Nouvelle-Écosse ou Acadie fait partie de l'Amérique anglaise et se trouve au sud du golfe de Saint-Laurent. Elle fut découverte par l'anglais Sébastien Cabot en 1497.

2. Le fort Sumter, situé dans la rade de Charleston, ville forte de la Caroline du Sud, enlevé par le général confédéré Beauregard le 12 février 1861. — Arsenal de Harper's Ferry, dans l'État de Virginie, détruit le 20 avril 1861 par les fédéraux, qui craignaient de le voir tomber entre les mains des confédérés. Onze navires, jaugeant ensemble 21 398 tonnes, furent sabordés et coulés. Les pertes matérielles s'élevèrent à 125 millions de francs. — Bataille de Bull's Run, 21 juillet 1861 ; les troupes du général fédéral Mac Dowell y furent complètement battues par le général confédéré Beauregard.

3. Boston est la capitale de l'Etat de Massachusetts, dans le nord des États-Unis.

moment de songer à une nouvelle expédition arctique. Ajournant à un avenir douteux l'œuvre dont il s'était chargé, il offrit son navire au président Lincoln et demanda pour lui-même un emploi immédiat dans le service public.

La goélette, acceptée par le gouvernement de Washington, fut transformée en canonnière des côtes, et Hayes, promu chirurgien militaire de première classe, dirigea, jusqu'à la fin de la guerre, l'un des grands hôpitaux de l'armée fédérale.

Pour terminer, résumons en peu de mots les résultats obtenus par Hayes pendant la pénible expédition que nous venons de raconter :

En ramenant son équipage en bonne santé, il a démontré que l'hiver arctique n'engendre pas nécessairement le scorbut et le mécontentement ;

Que l'on peut vivre dans le détroit de Smith, même sans le secours de la mère-patrie ;

Qu'une station se suffisant à elle-même peut être établie au port Foulke et y devenir la base d'explorations étendues ;

Que, du port Foulke, il est possible d'explorer la région tout entière ; c'est de ce point que, sans autre troupe pour coopérer avec lui, et dans les circonstances les plus défavorables, il a pu pousser ses découvertes au delà de toutes celles de ses prédécesseurs ;

Qu'avec un fort navire on peut traversr le détroit de Smith et déboucher directement dans la mer Polaire ;

Enfin, et c'était là le véritable but de l'expédition, que la mer libre du pôle existe.

C'est une ville de 180000 habitants, située à l'embouchure de la rivière Charles dans l'océan Atlantique. Elle a un excellent port, susceptible de contenir 500 navires. Deux ponts en bois, l'un de 500 mètres, l'autre de 1125, la font communiquer avec Cambridge et Charlestown. C'est la seconde place commerciale des États-Unis et la patrie de Franklin. — Boston a été fondée en 1630 par une colonie anglaise, composée principalement d'habitants de Boston, ville du comté de Lincoln. C'est à Boston, en 1768, qu'eurent lieu les premiers combats de la guerre de l'indépendance des États-Unis. Washington la prit en 1776.

APPENDICE

LA MER POLAIRE.

La carte placée à la fin de ce volume donnera au lecteur, sur les parages voisins des pôles, une idée plus précise que ne pourraient le faire les plus minutieuses descriptions.

Aux alentours du pôle nord s'étend une vaste mer, ou, pour mieux dire, un océan qui a, en moyenne, un rayon d'au moins dix-huit cents kilomètres.

Presque partout cette mer est environnée de terres, et le littoral en est assez bien connu, à l'exception des côtes du Groenland septentrional et de la terre de Grinnell, qui, s'avançant au milieu des eaux boréales sous des latitudes très élevées, ne sont pas encore déterminées. Les rivages sont à peu près à la même distance de ce pôle et sont tous situés dans la région des gelées éternelles. Leurs habitants sont des peuplades de même race qui, ne pouvant tirer du sol aucun moyen d'existence, vivent exclusivement de chasse ou de pêche, et ne se rencontrent que sur le bord de la mer ou le long des rivières glacées et dirigées vers le nord.

Cette longue ligne de côtes, où errent les nomades des déserts arctiques, présente trois grandes solutions de continuité : la baie de Baffin, le détroit de Behring et l'immense ouverture qu'on remarque entre le Groenland et la Nouvelle-

LES RIVAGES DE LA MER POLAIRE, ENTRE LE CAP LIEBER ET LE CAP UNION.

Zemble. Par ces estuaires, les eaux de la mer Polaire se mêlent à celles de l'Atlantique et de l'océan Pacifique.

Si on examine ensuite la direction des courants, si, par exemple, on remonte le courant du Golfe, qui, dans sa course vers le nord, porte les eaux chaudes de la zone tropicale à travers le vaste espace océanique ouvert à l'est du Spitzberg, et force, en retour, des courants d'eau froide à descendre à l'ouest de ces îles et par le détroit de Davis, on comprendra sans peine que, dans ce déplacement continuel des eaux du pôle par celles de l'équateur, la majeure partie des premières ne soit jamais refroidie jusqu'au point de congélation, et que cet océan, égalant sans doute en profondeur et presque en largeur l'Atlantique, entre l'Amérique et l'Europe, présente une masse énorme et fournisse à toute la région qu'il baigne une chaleur plus élevée que celle qui lui serait propre, sans les causes par lesquelles il est modifié.

La Providence met ainsi une barrière à l'accumulation des glaces, et affirme une fois de plus la grande loi de circulation qui, dispensant les pluies à la terre altérée et l'humidité à l'air desséché, modère la température de chaque climat, rafraîchit celle des tropiques avec les eaux des pôles, et réchauffe la zone glaciale avec celles de la zone torride.

Partant de ces faits, on peut admettre que la surface seule de l'eau se réfrigère assez pour se changer en glace, et que, lorsqu'elle est agitée par les vents, ses particules refroidies au contact de l'air se mêlent, dans le roulis des vagues, avec les eaux plus chaudes des couches inférieures.

Conséquemment, la glace ne se forme que dans les endroits abrités, dans les baies où le fond est élevé et où le courant est assez lent pour ne mettre aucun obstacle à l'action de la température extérieure; ou bien encore lorsque l'atmosphère est uniformément calme, circonstance assez rare du reste, puisque les vents se déchaînent avec autant de violence sur la mer Polaire que dans toute autre région du globe.

Les glaces ne peuvent donc couvrir qu'une petite partie de l'océan Arctique et n'existent que dans les lieux où la terre les protège et les entretient. La banquise s'attache aux côtes de Sibérie et, franchissant le détroit de Behring, elle presse les rivages d'Amérique, engorge les canaux étroits de l'archipel de Parry, d'où les eaux polaires s'écoulent dans la baie de Baffin ; puis elle traverse cette mer, suit les bords du Groenland, atteint ceux du Spitzberg et de la Nouvelle-Zemble, investissant ainsi le pôle d'un rempart continu de glaces adhérentes à la terre, plus ou moins disloquées, en hiver comme en été, et dont les débris, flottant çà et là, sans laisser jamais entre eux de passes bien étendues, forment une barrière que n'ont pas encore pu forcer toute la science et l'énergie de l'homme.

Si maintenant le lecteur veut bien poser la pointe d'un compas non loin du pôle boréal, par exemple à l'angle d'intersection du 86ᵉ parallèle et du 162ᵉ méridien à l'ouest de Paris, puis décrire un cercle de dix-huit cent cinquante kilomètres de rayon, il rencontrera le bord moyen des terres et de la ceinture de glaces qui entoure ce vaste circuit et enceindra un espace de près de dix millions de kilomètres carrés.

Quoique cette formidable barrière n'ait jamais été entièrement traversée, on y a pénétré sur plusieurs points et on en a suivi le contour extérieur, soit le long des eaux accumulées près de la terre par les rivières qui servent de déversoirs aux lacs septentrionaux de l'Asie ou de l'Amérique, soit en se frayant un chemin au travers des glaces plus ou moins désagrégées par l'été.

Divers navigateurs ont, de cette manière, tenté le passage nord-ouest, et c'est en suivant le littoral depuis le détroit de Behring jusqu'à la terre de Banks, puis en poussant dans les glaces brisées, que sir Robert Mac Clure a pu mener à bonne fin un voyage si souvent entrepris. Il est vrai qu'il n'a point réussi à faire passer son navire : il a dû franchir à pied 150 kilomètres, sur la glace d'hiver, depuis la terre de Banks[1] jusqu'au canal de Wellington, d'où, par la mer de Baffin, il est retourné en Angleterre sur un bâtiment venu de l'est.

Le capitaine Collinson, naviguant aussi de l'ouest à l'est, a presque atteint l'endroit où, peu auparavant, avait péri Franklin, entré dans les glaces du côté opposé.

De même, en explorant les côtes de Sibérie, les Russes n'ont trouvé que deux obstacles insurmontables à la navigation de l'Atlantique au Pacifique : le cap Yakan, contre lequel les glaces sont toujours entassées et que Behring essaya vainement de franchir, et le cap Sévéro-Vostochnoï, que le jeune et vaillant lieutenant Prondtschikoff fit de si héroïques efforts pour doubler.

Déjà, en 1598, William Barentz, le brave nautonier d'Amsterdam, avait tâché, par la même voie et la même méthode de navigation, de s'ouvrir un passage, par le nord-est, vers les régions du Cathay (la Chine).

Les tentatives faites contre cette ceinture de glace dans l'espoir d'atteindre la mer libre du pôle ont été fort nombreuses, et on a essayé de toutes les brèches par lesquelles les eaux méridionales communiquent avec l'océan Glacial.

Nous ne voulons pas raconter ici l'histoire de ces diverses tentatives : ce n'est qu'un long récit de déceptions, du moins quant à ce qui concerne la découverte du pôle[2].

Cook et ses émules n'ont pas trouvé la glace suffisamment ouverte pour naviguer au nord du détroit de Behring ; Hudson a échoué, de même que tous ceux qui l'ont suivi dans les mers du Spitzberg ; et les essais tentés par la mer de Baffin n'ont pas mieux réussi. Les efforts les plus persévérants ont été essayés à l'ouest du Spitzberg, et c'est par cette voie que

1. Il dut abandonner son vaisseau, *l'Investigator*, dans la baie de Mercy, à l'extrémité nord de la terre de Banks, après trois hivernages successifs.

2. Voyez l'avant-propos.

les navigateurs se sont approchés du pôle plus que par toute autre.

La plus haute latitude authentiquement atteinte avec un navire est celle de 81° 30', constatée par l'érudit baleinier Scoresby. Quelques-uns soutiennent que Hudson est allé plus loin, et, si on devait en croire les traditions recueillies par Daines Barington parmi les pêcheurs d'Amsterdam et de Hull, les anciens mariniers anglais et hollandais, en cherchant encore plus haut de nouveaux théâtres de pêche, auraient trouvé partout la mer libre.

Contraints de renoncer à ouvrir un passage à leurs navires, d'autres explorateurs, les Russes surtout, ont voulu franchir les glaces en traineau.

En Sibérie, de courageux officiers se sont, dès les premiers jours du printemps, hardiment lancés sur l'océan Polaire, au moyen des attelages des tribus qui habitent la côte septentrionale. Le plus célèbre de tous est l'amiral Wrangell, alors simple lieutenant de marine, dont les entreprises, poursuivies pendant plusieurs années (de 1822 à 1824), prouvent qu'en toute saison la mer reste ouverte au nord. Lui et ses compagnons furent invariablement arrêtés par les eaux, et l'existence de la Polynia, ou mer libre, au nord des îles de la Nouvelle-Sibérie, est maintenant un fait aussi bien établi que celui de la pente des rivières vers l'océan.

Sir Edward Parry essaya de la même méthode au nord du Spitzberg ; mais il se servit d'hommes au lieu de chiens et se munit de bateaux en cas de débâcle. Il se dirigea du côté du pôle jusqu'à ce que les glaces, détachées par la saison, l'eussent reporté vers le sud plus vite qu'il ne marchait vers le nord ; elles finirent par se briser sous lui et le laissèrent à la dérive sur la mer libre.

Vint ensuite le capitaine Inglefield, qui essaya de pénétrer dans les eaux circumpolaires par le détroit de Smith : il fut suivi par le docteur Kane. Celui-ci ne put pousser son navire plus loin que le port Van Rensselaer, et, comme les Russes, dut continuer son œuvre avec des traîneaux. Après de graves difficultés et de nombreux échecs causés par les amas de glaces du détroit, une de ses escouades réussit enfin à atteindre la mer si souvent annoncée et, pour citer les paroles du docteur : « D'une éminence de 145 mètres, on voyait les vagues libres de glaces, sans limites et gonflées par un puissant roulis, venir se briser en écume sur la côte hérissée de récifs. » Cette côte est celle qu'il a nommée terre de Washington.

Hayes à son tour se jeta dans ces aventures, et le dernier chapitre le laisse avec son traîneau sur les bords de la mer décrite par Kane, à environ cent quatre-vingts kilomètres au nord-ouest du promontoire d'où Morton en contempla les eaux. Des courts détails qu'il a donnés on peut facilement déduire son opinion sur cette mer, que Wrangell avait trouvée ouverte à l'autre extrémité de son grand diamètre, qu'à sa droite une des bandes de Kane vit onduler *libre de glaces*, et que le voyage de Parry prouve aussi être libre au delà du Spitzberg.

Les limites de l'océan Polaire sont suffisamment connues pour que nous puissions nous faire quelque idée de la configuration des côtes boréales du Groenland et de la terre de Grinnell, les seules parties de cet immense contour qui restent encore inexplorées.

La direction de la ligne septentrionale des rivages du Groenland peut être présumée d'après les analogies de la géographie physique, et un semblable mode de déduction porte à conclure que la terre de Grinnell ne peut guère s'étendre au delà des bornes des recherches d'Hayes.

Il reste convaincu, comme Inglefield l'a été avant lui, que le détroit de Smith s'épanche dans le bassin polaire. Au-dessus du passage resserré entre le cap Alexandre et le cap Isabelle, les eaux s'élargissent toujours jusqu'au cap Frazer, où elles se déploient brusquement. Sur les côtes groenlandaises, la terre s'infléchit vers l'est, d'une manière régulière, jusqu'au cap Agassiz, où elle plonge sous un glacier et disparait aux regards.

Dernière saillie d'un éperon montagneux, ce cap est composé de roches primitives qui reparaissent sur divers points du rivage, mais sont presque partout recouvertes par des couches de grès et de trapp qui forment les falaises de la ligne des côtes.

A environ cinquante-cinq kilomètres dans les terres, ces mêmes roches constituent la chaîne des montagnes qu'en 1854 Hayes traversa avec M. Wilson pour trouver la *mer de glace*, appuyée sur leur versant intérieur.

Plus au nord, cette *mer de glace* se déverse dans l'océan Polaire et, en poussant au travers des eaux, a fini par atteindre, dans cette direction, la terre de Washington, tandis que vers le sud elle touche au détroit de Smith.

Le front du glacier de Humboldt doit être plus reculé à l'orient qu'il ne l'est sur la carte de Kane, et diverses raisons font supposer que la terre de Washington doit être aussi reportée plus loin dans la même direction.

D'après le rapport de Morton, on peut conclure que cette terre fait partie du soulèvement granitique qui, interrompu brusquement au cap Agassiz, reparait au cap Forbes et forme une ligne de côtes symétriquement analogues à celles du Groenland. Il est probable qu'à une époque reculée c'était une île, partout baignée par les eaux du détroit de Smith, dont le bras oriental est maintenant comblé par le glacier de Humboldt et dont le bras occidental porte le nom de canal de Kennedy.

On l'a déjà vu : les eaux chaudes du courant du Golfe se déversent au nord et empêchent la température de l'océan Arctique de descendre au-dessous du point de congélation; les vents soufflent sous le ciel polaire comme sous les tropiques; les courants incessants du fond et les marées de la surface, tenant les eaux toujours en mouvement, s'opposent à ce qu'une partie considérable du vaste bassin arctique soit prise par la gelée.

Sur aucun point de l'intérieur du cercle boréal on ne trouve, en hiver ni en été, une barrière de glace qui s'étende à plus de quatre-vingt-dix ou cent soixante kilomètres de la terre. Même dans les passes qui séparent les îles de l'archipel Parry de la baie de Baffin, dans les *eaux du nord*, à l'ouverture du détroit de Smith, partout, dans l'aire immense de la zone polaire, les eaux ne se couvrent de glace que lorsqu'elles sont abritées par la terre ou par quelque banquise qu'une longue persistance des mêmes vents a accumulée. Pendant le dernier hiver, Hayes n'a certes pas manqué d'occasions de s'assurer que la mer ne se referme que lorsqu'elle est en repos : en tous temps, même les jours où la température descendit au-dessous de celle de la congélation du mercure, il entendait le bruit des vagues du pont de sa goélette.

Les faits parlent donc d'eux-mêmes, et il serait inutile de fatiguer le lecteur de nouvelles conclusions. Il suffira d'ajouter que lorsque, le 19 mai 1861, Hayes contemplait la mer lointaine du pôle, il était impossible à un homme ayant quelque expérience de la glace marine et du changement des saisons polaires, de ne pas s'apercevoir qu'avant peu de jours la mer libre allait se frayer sa voie vers le détroit de Smith à travers le canal de Kennedy.

Comme corollaire à ces appréciations de M. Hayes, nous croyons devoir donner les renseignements fournis par le docteur Kane sur le bassin de la mer Polaire.

Voici ce qu'il dit dans le tome Ier de ses *Explorations arctiques* :

«... Les voyages que j'ai faits moi-même et les différentes expéditions de mes compagnons ont démontré qu'une surface solide de glace couvre entièrement la mer à l'est, à l'ouest et au sud du canal de Kennedy. Depuis la limite méridionale de cette banquise jusqu'à la région mystérieuse de l'eau libre, il y a, à vol d'oiseau, 180 kilomètres. N'eût-ce été la vue des oiseaux et l'affaiblissement de la glace, ni Hans ni Morton n'en auraient cru leurs yeux, n'ayant aucune prévision de ce fait.

« Lorsque, prenant terre en cet endroit, ils continuèrent leurs explorations, un fait nouveau les frappa. Ils étaient sur les bords d'un canal si ouvert qu'une frégate ou une flotte de frégates aurait pu y faire voile. La glace, déjà brisée et fragmentée, formait une sorte de plage en fer à cheval, contre laquelle la mer se brisait. En s'ava çant vers le nord, le canal formait un miroir bleu et non glacé ; trois ou quatre petits blocs étaient tout ce qu'on pouvait voir sur la surface de l'eau. Vue des falaises, et prenant 58 kilomètres comme le rayon moyen de l'étendue observée, cette mer libre avait plus de 6400 kilomètres carrés.

« La vie animale, qui nous avait fait défaut vers le sud, leur apparut d'une manière saisissante. Au havre Rensselaer, à l'exception du phoque netsik ou du rare héralda, nous n'avions aucun objet de chasse. Mais là l'oie de Brent, l'eider et le canard royal étaient si nombreux, que nos voyageurs en tuaient deux d'une simple balle.

« L'oie de Brent n'avait pas été vue depuis l'entrée sud du détroit de Smith. Elle est bien connue du voyageur polaire comme un oiseau émigrant du continent américain. Ainsi que ceux de la même famille, cet oiseau se nourrit de matière végétale, généralement de plantes marines avec les mollusques qui y adhèrent. Il est rarement vu dans l'intérieur des terres, et ses habitudes en font un indice de la présence de l'eau. Les troupes de ces oiseaux, qu'on distingue aisément par la ligne triangulaire qu'elles dessinent dans leur vol, traversaient l'eau obliquement et disparaissaient vers la terre au nord et à l'est. J'ai tué de ces oiseaux sur la côte du canal Wellington, à la latitude de 74° 50′ de latitude septentrionale, c'est-à-dire 6 degrés plus au sud ; ils volaient dans la même direction.

« Les rochers étaient couverts d'hirondelles de mer, oiseaux dont les habitudes demandent l'eau libre, et qui y étaient déjà au moment de la ponte.

« Il peut être intéressant pour d'autres personnes que des naturalistes d'établir que tous ces oiseaux occupaient les premiers kilomètres du canal depuis le commencement de l'eau libre, mais que plus au nord ils étaient remplacés par des oiseaux nageurs. Les mouettes étaient représentées par non moins de quatre espèces. Les kittiwakes (*larus tridactylis*), rappelant à Morton la navigation de la baie de Baffin, étaient encore occupés à enlever le poisson de l'eau, et leurs tristes cousins, les *bourgmestres*, partageaient un dîner qui leur était servi à si peu de frais. L'animation était partout.

« De la flore et de ses indications je dirai peu de chose, et j'oserai encore moins en tirer des conclusions quant à la température. La saison était trop peu avancée pour l'épanouissement de la végétation arctique et, en l'absence d'échantillons, j'hésite à adopter les observations de Morton, qui n'était pas botaniste. Il est évident cependant que beaucoup de plantes à fleurs, au moins aussi développées que celles du havre de Rensselaer, étaient déjà devenues reconnaissables. Et, chose étrange, le seul échantillon rapporté fut une crucifère (*hesperis pygmæa*), dont les siliques, contenant de la semence, avaient survécu à l'hiver, témoignant ainsi de son parfait développement. Cette plante, trouvée au nord du Grand Glacier, ne m'avait pas été signalée depuis la zone sud du Groenland.

« Un autre fait remarquable, c'est que, dans la continuation du voyage, la glace, qui avait servi de sentier pour les chiens, se rompait, se fondait et, à la fin, disparaissait complètement, de sorte que le traîneau devint inutile et que

Morton se trouva obligé de gravir les rochers de la plage d'une mer qui, comme les eaux familières du sud, venait briser les vagues à ses pieds.

« Là, pour la première fois, il remarqua le pétrel arctique ; ce fait démontre la régularité de son observation, quoiqu'il n'en connût point l'importance. L'oiseau n'avait pas été vu depuis que nous avions quitté les eaux hantées par les baleiniers anglais, à plus de 325 kilomètres au sud. Sa nourriture, essentiellement marine, consiste en acalèphes, etc.; il s'attroupe rarement, excepté dans les parages fréquentés par les baleines et les plus grands animaux de l'océan. Ici des troupes de ces pétrels se balançaient au-dessus de la crête des vagues, comme le font les représentants de la même espèce dans les climats plus doux : c'est-à-dire les pigeons du cap de Bonne-Espérance, les poulets de la mer Carey et autres.

« Morton, quittant Hans et ses chiens, passa entre l'île de sir John Franklin et une plage étroite dont la côte, semblable à une muraille, était formée de sombres masses de porphyre allant se perdre dans la mer. Avec des difficultés croissantes, il entreprit de grimper de rocher en rocher, dans l'espérance de doubler le promontoire et d'apercevoir la côte au delà ; mais l'eau entravait de plus en plus le chemin.

« Ce dut être un spectacle imposant que la vue de la vaste étendue d'eau étalée devant lui. Au plus haut point de son ascension, il n'apercevait pas un atome de glace. Là, d'une hauteur de 145 mètres, avec un horizon de 65 kilomètres, ses oreilles furent réjouies par la nouvelle musique des vagues ; un ressac, se brisant à ses pieds au milieu des rochers, arrêta sa marche.

« Au delà de ce cap, tout est supposition. Les hauts sommets du nord-ouest s'évanouissaient en gradins de plus en plus bleus, puis se confondaient avec le ciel. Morton baptisa le cap qui arrêta sa marche vers le nord du nom de son commandant ; mais je lui ai donné le nom plus durable de cap de la Constitution.

« Le voyage de retour, employé à compléter ses observations, ne fut signalé par aucun fait nouveau ; aussi n'en parlerai-je pas. Mais je ne veux point terminer ma notice sur cette mer libre de glaces sans ajouter que les détails de Morton concordent pleinement avec les observations de tout notre parti. Et maintenant, sans discuter les causes de ce phénomène, sans rechercher à quelle distance cette mer s'étend, soit comme une particularité de cette région, soit comme partie de la grande arène encore inexplorée du bassin polaire, toutes questions du ressort des hommes scientifiques, je me contenterai de l'humble tâche de rapporter ce que nous avons vu. Se présentant ainsi au milieu des vastes plaines de glace, cet élément fluide était de nature à soulever les émotions de l'ordre le plus élevé ; il n'y avait pas un de nous qui ne fût animé du désir de s'embarquer sur ces eaux resplendissantes et solitaires. On sait comment nous fûmes forcés de renoncer à ce désir.

« Une mer libre près du pôle, ou même un bassin polaire, a été un sujet de théories débattues longtemps ; nous venons de le raviver par nos découvertes. Déjà, à l'époque de Barentz, en 1590, sans mentionner de plus incertaines chroniques, l'eau fut aperçue à l'est du cap septentrional de la Nouvelle-Zemble ; et, jusqu'à ce que son étendue fût déterminée par des observations directes, elle fut prise pour la mer elle-même. Les pêcheurs hollandais autour du Spitzberg poussèrent leurs croisières aventureuses à travers la glace dans des espaces libres, variant en étendue et en forme suivant la saison et les vents ; et le docteur Scoresby, une respectable autorité, fait allusion à ces ouvertures dans la banquise comme indiquant une eau libre dans le voisinage du pôle. Le baron Wrangell, à 65 kilomètres de la côte de l'Asie arctique, vit, il le crut du moins, un océan sans rivages, oubliant, pour l'instant, combien sont bornées les limites de la vision humaine sur une sphère. Plus récemment, le capitaine Parry proclama l'existence d'une mer libre dans le détroit de Wellington, à l'endroit même où sir Edward Belcher a depuis été contraint d'abandonner ses navires pris dans les glaces. Enfin mon prédécesseur, le capitaine Inglefield, du haut d'un mât de son petit navire, annonça un bassin polaire à 25 kilomètres de la glace qui arrêta notre marche l'année suivante.

« Toutes ces découvertes illusoires ont sans doute été notées avec une parfaite intégrité, et d'autres peuvent penser que mon observation, quoique sur une plus grande échelle, se rangera dans la même catégorie. Toutefois la mer que je me suis hasardé à appeler *libre* a été suivie pendant nombre de kilomètres le long de la côte et vue d'une élévation de 145 mètres, toujours sans limite et sans glace, se soulevant et se brisant contre les rochers du rivage.

« Il est impossible, en rappelant les faits relatifs à cette découverte — la neige fondue sur les rochers, les troupes d'oiseaux marins, la végétation augmentant de plus en plus, l'élévation du thermomètre dans l'eau — de ne pas être frappé de la probabilité d'un climat plus doux vers le pôle. Mais signaler les modifications de température au voisinage de la mer libre, ce n'est pas résoudre la question, qui reste sans réponse : Quelle est la cause de la mer libre?

« Ce n'est pas ici le lieu d'entrer dans cette discussion. Il n'y a pas de doute pour moi qu'à une époque comprise encore dans les temps historiques le climat de cette région était plus doux que maintenant. Je pourrais fonder cette opinion sur le fait, mis en relief par notre expédition, du soulèvement séculaire des côtes. Mais indépendamment des anciennes plages et terrasses, et d'autres marques géologiques qui montrent que le rivage s'est élevé, des huttes de pierres sont éparpillées tout le long de ces parages, dans des lieux maintenant entourés de glace au point d'exclure la possibilité de la chasse et, par conséquent, pour les peuplades qui en vivent, la possibilité d'y demeurer.

« La tradition signale ces parages comme ayant été autrefois des champs favoris de chasse. Au havre Rensselaer, appelé par les indigènes *Aunatok* ou *la place du dégel*, nous rencontrâmes des huttes en bon état de conservation, avec des assises de pierres pour soutenir les carcasses de phoque et de walrus.

« A Lanny Georges et dans la grande coupure de la baie Dallos, sont les restes d'un village, qui entourent les os des phoques et des baleines, le tout maintenant enfermé dans la glace. En rapport avec ces faits, attestant non seulement l'extension antérieure de la race des Esquimaux plus au nord, mais encore les changements du climat, il faut ranger le patin trouvé par M. Morton sur les bords de la baie Morris, à une latitude de 81 degrés. Il était fait d'un os de baleine très habilement travaillé.

« Dans cette récapitulation, je laisse de côté la question de savoir si le climat plus chaud de cette région dépend d'une loi physique applicable aux lignes isothermes[1] actuelles. Encore moins suis-je disposé à exprimer une opinion touchant l'influence que les courants peuvent exercer sur la température de ces contrées. Je laisse cette discussion à ceux qui font leur étude spéciale de la physique du globe. C'est à ceux-là que je proposerai humblement d'examiner si le courant du Golfe, déjà suivi jusqu'à la côte de la Nouvelle-Zemble, ne se prolonge pas le long de cette île jusques auprès du pôle. Une différence de quelques degrés dans la température moyenne de l'été suffirait pour amener le renouvellement périodique de l'eau libre, ou, comme le disent les Russes, d'une grande *Polynia*.

1. Isotherme, c'est-à-dire égal en température. Ce terme s'applique aux lignes passant par tous les lieux du globe où la température moyenne de l'année est la même.

« Les lois qui limitent la ligne de la neige perpétuelle et des glaciers sont certainement liées au problème de ces espaces d'eau dans le voisinage du pôle. »

Ce problème, indiqué par Kane, M. Hayes l'a résolu en découvrant la mer libre du pôle.

LES ESQUIMAUX.

Ce peuple de l'Amérique septentrionale, habitant les plus froides régions du globe, se divise en quatre groupes : Groenlandais; Labradoriens, ou Esquimaux orientaux, nommés aussi Petits Esquimaux; Esquimaux orientaux ou Grands Esquimaux, habitant vers les embouchures des fleuves Mackenzie et Mine-de-Cuivre et dans l'archipel Baffin-Parry; Aléoutes, occupant les îles Aléoutiennes, situées entre l'Amérique et l'Asie.

Les Esquimaux ont la taille médiocre, la tête ronde, démesurément grande, la face large et plate, les pommettes saillantes, le nez petit et écrasé, la bouche grande, la barbe rare, les cheveux noirs, longs et rudes, la chair molle et lâche, les mains et les pieds très petits, les jambes grêles, la peau d'un jaune noirâtre. Ils sont fréquemment affligés de maux d'yeux et décimés par la petite vérole. Leur sauvagerie est extrême et leur saleté repoussante.

Ils s'écartent peu des côtes et vivent surtout de leur pêche, qu'ils préfèrent pourrie et qu'ils dévorent avec une gloutonnerie révoltante.

Il en est peu qui sachent dompter le renne, et ils n'ont d'autre animal domestique que le chien qu'ils attellent à leurs traîneaux.

Leurs bateaux sont ingénieusement construits avec des peaux de phoque tendues sur une carcasse de bois ou un dos de baleine.

Ils vivent dans une complète indépendance et n'obéissent

à aucune sorte de gouvernement. Ils avaient à peine une notion de la Divinité avant l'arrivée des frères Moraves qui[1], en 1733, vinrent leur prêcher la foi.

Au point de vue de l'ethnographie — science qui a pour objet l'étude et la description des peuples — les Esquimaux, liés aux Samoyèdes et aux Sibériens des rivages du Pacifique, ont été sans doute l'avant-garde, les éclaireurs de la race humaine sur le sol américain.

Ils se rapprochent du pôle plus qu'aucune autre variété de notre espèce ; mais, au XIIe siècle de notre ère, ils s'étendaient vers le sud jusqu'aux rives du Potomac et de la Delaware, où les Scandinaves les rencontrèrent pour la première fois et leur donnèrent le nom de Skrællingar, c'est-à-dire *misérables*. Celui d'Esquimaux ou *Mange-Cru*, s'il faut en croire Charlevoix, leur a été donné par les Abénakis.

Quant à eux-mêmes, ils s'attribuent la qualification d'Inouit, *les hommes*. Refoulés peu à peu vers le nord par les invasions de peuplades plus jeunes et plus puissantes, ils ne pénétrèrent dans le Groenland que vers la fin du XIVe siècle, en même temps que la peste noire, et les sagas islandaises attribuent à ces deux fléaux réunis la ruine des établissements scandinaves qui florissaient depuis quatre cents ans dans cette contrée.

Séparés des Peaux-Rouges de l'intérieur par une haine mutuelle égale à celle qui séparait, il y a deux mille ans, les chasseurs de la Germanie des pêcheurs finnois de la Baltique, les Esquimaux n'occupent que la côte du continent et des îles.

1. Cette association religieuse, remontant au XVe siècle, s'établit d'abord en Bohême sous le nom de frères de l'Unité. Plus tard, ils s'établirent à Fulneck, en Moravie, d'où leur vient le nom de frères Moraves. Ces sectaires, souvent persécutés, forment une espèce de république où les intérêts individuels le cèdent aux intérêts généraux. Ils se distinguent par leur union, leur douceur, leur piété austère et leur amour pour la paix, cultivent l'industrie et les arts, surtout la musique. Ils possèdent des établissements en Allemagne, en Suisse, en Angleterre, en Hollande, en France, en Russie, aux Indes, dans les colonies danoises d'Afrique et d'Amérique, aux États-Unis et au Groenland.

Ils ne la quittent jamais, et ne pourraient pas le faire sans changer entièrement leurs usages et leur genre de vie, dont l'identité parmi toutes leurs peuplades, depuis la presqu'île d'Alaska jusqu'au cap Farewell et depuis la baie de James jusqu'au fond du détroit de Smith, n'est pas un des faits les moins remarquables de l'anthropologie.

Non seulement l'intérieur d'une habitation de la baie Morton est la répétition exacte du gîte d'un Groenlandais, mais les mœurs, les caractères physiques, le langage, l'attitude, l'habillement des habitants de ces deux huttes, séparés par 110 degrés de longitude, sont semblables. Ils préfèrent la viande et le poisson crus à toute autre nourriture, l'huile de cétacé et le sang chaud de mammifère à toute autre boisson. Ils n'ont, dans leurs tanières d'hiver comme dans leurs tentes d'été, d'autre feu que celui d'une lampe fabriquée en pierre ollaire[1] et alimentée par une longue tranche de graisse de phoque; leurs canots et leurs instruments de pêche, qui y sont attachés, sont pareils et disposés de la même manière; enfin, et c'est le point principal, leurs errements sociaux, leurs modes d'adoption, de mariage et de funérailles ne présentent rien qui marque une différence. Ils ont les mêmes croyances superstitieuses et reconnaissent, en tremblant à un égal degré, le pouvoir mystérieux des angekoks ou sorciers.

Un navigateur des plus compétents, le commodore Maury, de la marine des États-Unis, dit textuellement, dans une lettre publiée par l'historien américain Schoolcraft en tête de son grand ouvrage sur les tribus indiennes de l'Amérique du Nord :

« ... L'origine asiatique de la population américaine est hors de doute pour moi.

« Je suis convaincu que, dès la plus haute antiquité, en supposant l'océan régi par les mêmes lois physiques qu'aujourd'hui, les eaux du Pacifique ont été pratiquées par l'homme,

1. Pierre facile à tailler et dont on fait des ustensiles de ménage.

en balsas, en pirogues, en radeaux et autres embarcations grossières des premiers âges.

« ... Encore aujourd'hui, un va-et-vient de *baidares* et d'*oumyaks*, un commerce d'échange, est régulièrement établi entre les deux côtes de la mer de Behring, entre les Tshoukshis d'Asie, pasteurs de rennes, et les Esquimaux d'Amérique, dresseurs de chiens de trait.

« ... Les ancêtres des Esquimaux et des Peaux-Rouges, pour passer d'Asie en Amérique, ont eu pour point de départ tout le littoral compris entre le Japon et la mer Glaciale; pour étapes, les Kouriles, les îles Aléoutiennes, la presqu'île d'Alaska, etc.; pour voies et pour guides, les courants et les vents.

« ... Les îles Aléoutiennes ne produisent point de bois. Pour fabriquer leurs canots, leurs ustensiles de pêche, pour fouir et creuser les tanières souterraines où ils habitent, les grossiers habitants de cet archipel ne peuvent se servir que de bois flotté. Or l'essence la plus commune que leur apporte la mer est le *camphrier*; et les rivages les plus rapprochés d'où puisse venir cet arbre sont ceux du Japon méridional! Les courants portent donc des côtes orientales de l'Asie aux côtes nord-ouest de l'Amérique. »

FAUNE DES RÉGIONS EXPLORÉES PAR J. HAYES

L'OURS POLAIRE.

En général, les ours sont plutôt sauvages que féroces. Leur corps épais est revêtu d'une fourrure de gros poils rudes; leurs pieds plats sont terminés par de fortes griffes; ils ont le museau pointu, les oreilles courtes et velues, les yeux petits, brillants et sauvages. Leur force est extrême, ils courent très vite et montent aux arbres avec beaucoup d'agilité. Grâce à la largeur de leurs pattes et à la force de leurs jambes, ils peuvent se dresser debout et marcher ainsi, mais gauchement et lentement.

L'ours est rangé par les naturalistes dans l'ordre des *carnivores*, quoique son régime, surtout pour l'ours brun, qui habite les pays tempérés de l'Europe, soit essentiellement végétal. Quand il entre en fureur, il devient excessivement dangereux et redoutable. Il mange de la chair alors, n'importe laquelle, homme ou bête.

Ces mœurs sont celles de l'ours gris d'Amérique (ours grizzly), de l'ours à collier, de l'ours à grandes lèvres de l'Inde.

L'ours polaire, nommé aussi ours blanc à cause de son pelage, n'habite que les régions arctiques du globe. Il nage et plonge admirablement. Il se nourrit généralement de poissons; mais il mange aussi des phoques, des morses, des lièvres blancs et autres animaux de ces régions. Celui-là, pour cause, est essentiellement carnivore. L'ours polaire est plus grand, plus vigoureux que l'ours brun et plus féroce encore, s'il est affamé ou attaqué.

LE MORSE OU WALRUS

Le morse appartient à la famille des *phoques*, classe des *mammifères* (allaitant ses petits), et à l'ordre des *amphibies*, c'est-à-dire animaux à la fois aquatiques et terrestres, vivant dans l'eau et sur la terre.

Le genre phoque, qui habite les rivages de la mer, surtout ceux de la mer Glaciale, a le corps épais et arrondi, le cou court, la tête grosse avec des yeux ronds, au regard doux et intelligent, les oreilles petites et le museau pourvu de longs poils comme celui d'un chat. Ses pattes de devant sont très courtes, comme gantées et ne laissent sortir que des griffes fortes et aiguës. Ses deux pattes de derrière, encore plus épaisses, dirigées en arrière, avec la queue très courte de l'animal, forment un ensemble qui rappelle une queue de poisson.

Avec une semblable conformation et un corps aussi massif on comprend que le phoque ne peut se traîner que lentement et gauchement à terre ; mais il nage et plonge avec la plus grande agilité et peut rester longtemps sous l'eau avant de revenir à la surface pour respirer. Il se nourrit de poissons et de mollusques marins.

Il existe diverses espèces de phoques : le phoque commun, dont nous venons de parler ; l'*otarie*, qui se distingue par ses longues oreilles ; le *moine* ; le *lion marin*, qui a jusqu'à quatre mètres de longueur et qui doit son nom à l'épaisse et rude crinière qu'il porte sur le cou ; l'*éléphant marin*, dont le museau se termine par une sorte de trompe ; enfin, le *morse*, dont il est surtout question dans le récit de Hayes.

Le *morse*, *walrus* ou *vache marine* atteint une longueur de 3 mètres 1/2 ou 4 mètres, et même beaucoup plus si l'on s'en rapportait à certains voyageurs. Son pelage est très court, très peu fourni, d'une couleur roussâtre ; son mufle est très gros et sa lèvre supérieure renflée. Si, pour le reste, il a beaucoup d'analogie avec les phoques, il n'en a pas moins dans les mœurs et dans toutes les habitudes de la vie. Cependant il a moins d'intelligence et, par suite, moins de douceur dans le caractère.

Cet animal habite toute la mer polaire. Grâce à sa conformation anatomique, c'est un excellent nageur; aussi passe-t-il la plus grande partie de sa vie dans la mer. La mâchoire inférieure manque de canines et d'incisives, et prend en avant une forme comprimée pour se placer entre deux énormes défenses ayant quelquefois jusqu'à 65 centimètres de longueur sur une épaisseur proportionnée. Ces défenses se recourbent en bas et en arrière ; elles sont arrondies à leur surface antérieure, mais creusées d'un sillon longitudinal à leur surface interne. Elles fournissent un ivoire plus compact, plus dur et plus blanc que celui de l'éléphant, une huile abondante, meilleure que celle de la baleine, et une peau dont on fait un cuir très fort et d'excellentes soupentes de carrosse.

Lorsque les morses vont à terre — ce qu'ils ne peuvent pas toujours faire, à cause des glaces qui en défendent l'approche — ils se servent de leurs défenses pour s'accrocher et de leurs mains pour faire avancer la lourde masse de leur corps. Ils se nourrissent de varechs et autres herbes marines, ainsi que de coquillages, de crustacés et de poissons.

Malgré les armes terribles dont l'a pourvu la nature, le morse est un animal tranquille, qui n'attaque jamais, mais se défend avec courage et vigueur quand on l'attaque lui-même, ainsi qu'on a pu le voir dans les pages qui précèdent.

LA BALEINE.

La baleine appartient à la famille des cétacés.

Quoique vivant exclusivement dans l'eau, et rappelant par sa forme celle d'un poisson, la baleine appartient à la classe des mammifères ; elle a des os au lieu d'arêtes, le sang chaud comme les animaux terrestres, respire par des poumons et allaite son petit avec ses mamelles. Elle a des *bras* (pattes de devant) courts, élargis, sans doigts, semblables à des nageoires ; son corps, de 20 à 30 mètres de longueur, gros à proportion et pesant jusqu'à 100 000 kilogrammes, se termine par une queue aplatie en forme de queue de poisson. Sa peau épaisse, sans poils, luisante, de couleur grise et noire, recouvre une couche de graisse très épaisse et très ferme qui produit l'huile recherchée des baleiniers.

La tête est énorme et la gueule ouverte ressemble à un four. Mais la baleine n'a pas de dents, et son gosier est tellement étroit qu'elle ne peut avaler que de petits poissons, des mollusques ou des crustacés. Aussi la nature l'a-t-elle pourvue d'un appareil particulier : en place de dents, elle a des *fanons*, lames longues, étroites, élastiques, disposées comme des dents de peigne, garnies de longs crins et dans lesquels sa pêche reste prise comme dans une nasse. Ces fanons fournissent ce que nous nommons *baleine*.

La baleine ne nage pas aussi vite qu'on le croit généralement ; mais elle plonge profondément, avec la plus grande facilité et avec une telle vitesse que, quand elle est très effrayée, il lui arrive de se blesser et même de s'assommer contre les rochers du fond de la mer. En sa qualité d'animal à poumons, elle est forcée de venir, de temps en temps, respirer à la surface. Alors elle rejette l'eau qu'elle a aspirée au moyen de ses narines, nommées *évents*.

Ce monstrueux animal, d'une force prodigieuse, serait véritablement redoutable s'il n'était doué d'un caractère doux, craintif et inoffensif. Il fuit quand on l'attaque. La mère seule a du courage pour défendre son *baleineau*.

Celui-ci, en naissant, est de la grosseur d'un bœuf et a jusqu'à trois ou quatre mètres de longueur. La mère le nourrit de son lait et a pour lui le plus grand attachement. Elle le suit dans ses jeux, le surveille, ne le perd pas de vue un seul instant, le protège contre tous les dangers en le couvrant de son corps, le défend avec un courage furieux, ne l'abandonne même pas après sa mort, et devient elle-même victime de l'amour maternel, en se laissant harponner sur le cadavre de son enfant. Les baleiniers, qui connaissent parfaitement l'affection que ces animaux ont les uns pour les autres, ont su en profiter. Dès qu'ils aperçoivent, au milieu de plusieurs de ces êtres monstrueux, un jeune individu, ordinairement imprudent et sans expérience, c'est lui qu'ils s'empressent d'attaquer, certains que sa mère ne tardera pas à se présenter et à se livrer à leurs coups.

Il y a trois espèces de baleines : la *baleine franche*, celle qui vient d'être décrite, et deux autres variétés qui habitent les mêmes mers; la baleine *rorqual*, dont la tête est moins grosse, le museau plus pointu, le corps plus allongé; le *cachalot*, un peu moins gros que la baleine franche et qui a des dents en place de fanons. La tête de celui-ci renferme une quantité énorme de matière grasse et blanche, nommée *blanc de baleine*, et dont on fait des bougies.

LE CHIEN DES ESQUIMAUX.

Nous ne dirons que quelques mots de cet animal, dont les

mœurs, les habitudes et l'usage ont été décrits dans les pages précédentes.

Cette espèce, désignée par Cuvier sous le nom de *chien boréal*, a beaucoup d'analogie avec le chien-loup. Sa queue est relevée en cercle, son pelage est peu fourni, très fin, ondulé, de couleur variable, avec de grandes taches noires ou grises.

LE RENARD BLEU.

Cet animal, de la race canine, est aussi nommé *isatis*. Son pelage est très long, très fourré, très moelleux, presque semblable à de la laine, mais non crépu, tantôt cendré foncé, tantôt blanc; le bout du museau est noir. Il se trouve sur tout le littoral de la mer Glaciale et des fleuves qui s'y jettent et partout au nord du 69e degré de latitude.

Comme tous les renards, l'isatis est rempli de ruse, de hardiesse et enclin à la rapine. Sa voix tient à la fois de l'aboiement du chien et du glapissement du renard. Contrairement à ce dernier, il ne craint pas l'eau et nage avec la plus grande facilité; il traverse des bras de rivières ou de lacs pour aller chercher, parmi les joncs des îlots, les nids des oiseaux aquatiques.

Les isatis ont une habitude singulière qui paraît unique chez les carnassiers; ils émigrent en grand nombre du pays qui les a vus naître, dès que le gibier vient à manquer. En général, ces émigrations ont lieu vers le solstice d'été, et les émigrants descendent quelquefois au sud du 69e degré; ils n'y fixent point leurs demeures et n'y creusent point de terriers, quoiqu'ils y restent quelquefois trois ou quatre ans, mais jamais plus. Passé ce laps de temps, pendant lequel le gibier a dû se repeupler dans leur patrie, ils y retournent avec empressement.

La fourrure de ces animaux est extrêmement précieuse et constitue une branche de commerce considérable ; aussi leur fait-on une guerre acharnée. S'il arrive à un chasseur de prendre un ou deux petits, il les apporte à sa femme, qui les allaite et les élève jusqu'à ce que leur fourrure puisse être vendue. Les voyageurs assurent qu'il n'est pas rare de trouver de pauvres femmes qui partagent leur lait et leurs soins entre leur enfant et trois ou quatre renards bleus.

C'est quatre mois après leur naissance que les petits isatis commencent à prendre la couleur qu'ils doivent garder toute leur vie. A cette époque (septembre), ceux qui doivent être blancs sont déjà d'un blanc pur, excepté une raie noire sur le dos et sur les épaules; en novembre, ils sont entièrement blancs. Les gris prennent leur couleur plus vite; ceux-là sont les plus précieux, surtout quand cette couleur est d'un gris ardoisé tirant sur le bleuâtre.

LE BŒUF MUSQUÉ.

Le genre Ovibos (*ovis*, mouton, *bos*, bœuf) a été créé par M. de Blainville, en 1816, et ne renferme qu'une espèce, le *bœuf musqué*.

Le bœuf musqué a des cornes très élargies, se touchant à leur base, s'appliquant ensuite sur les côtés de la tête et se relevant brusquement en arrière et de côté; il n'a pas de mufle; sa poitrine est fortement busquée, comme chez les moutons; ses membres sont robustes et sa queue est très courte.

Sa taille est un peu plus petite que celle d'un bœuf; son pelage, assez long pour traîner jusqu'à terre, se compose de deux sortes de poils, l'un de bourre longue et épaisse, l'autre de soie très fine; il est d'une couleur générale brun foncé.

L'aspect de cet animal rappelle plutôt celui du mouton que du bœuf.

Le bœuf musqué habite surtout les montagnes de l'Amérique septentrionale, où il vit par troupes de quatre-vingts à cent individus. Sa chair a une odeur de musc très prononcée, ce qui n'empêche pas les indigènes de la manger avec plaisir.

De la queue du bœuf musqué les Esquimaux de la côte nord-ouest se fabriquent une coiffure d'une assez horrible apparence ; les poils retombent autour de leur tête et leur couvrent la face ; mais elle leur rend l'inappréciable service d'éloigner les moustiques dont, sans elle, les attaques seraient intolérables.

LE GUILLEMOT.

Cet oiseau fait partie du genre des Palmipèdes (pieds palmés) et de la famille des plongeurs brachyptères (à ailes courtes).

Comme toutes les autres espèces de la famille des brachyptères, les guillemots doivent à leur organisation la faculté de nager et surtout de plonger avec la plus grande facilité. Fort gracieux sur l'eau, il n'en est pas de même lorsqu'une cause accidentelle les a jetés sur le sol. Dans ce cas, ils sont, ou peu s'en faut, dans une sorte d'inaction voisine de la stupidité. Ne pouvant voler si la surface sur laquelle ils gisent est plane, et la marche leur étant presque interdite, à cause de la position très reculée de leurs jambes, ils sont, pour ainsi dire, condamnés à l'immobilité et à rester le plus souvent, sans défense, à la merci de leurs ennemis naturels. C'est ce qui leur arrive assez souvent lorsqu'ils ne trouvent pas à leur portée des inégalités de terrain ou quelque petite éminence qu'ils puissent péniblement gagner, en se traînant, en s'aidant de leurs ailes autant que de leurs pieds, et du haut de laquelle il leur soit possible de prendre leur essor.

Si les guillemots, à cause de la brièveté de leurs ailes, sont de fort mauvais voiliers, le vol est cependant un moyen de locomotion qu'ils mettent en usage, soit lorsqu'ils veulent se transporter à d'assez grandes distances, comme à l'époque de leurs migrations, soit lorsque, de la mer, ils se rendent sur les rochers escarpés qui leur servent de refuge et où sont établis leurs nids. Jamais ils ne s'élèvent très haut dans les airs ; ils rasent en volant la surface de l'eau, leurs mouvements d'ailes sont rapides et ils filent en ligne droite.

Il y a deux espèces de guillemots, qui se distinguent par la longueur de leur bec.

L'espèce dont le bec est aussi long ou plus long que la tête comprend : le *guillemot à capuchon*, la plus grande espèce du genre, qui habite les mers arctiques des deux hémisphères et émigre en Europe pendant l'hiver ; le *guillemot à gros bec*, le *guillemot à miroir blanc*, le *guillemot bridé*, que l'on trouve à Terre-Neuve, dans la mer de Baffin et dans les îles Aléoutiennes.

L'espèce dont le bec est plus court que la tête se compose uniquement du *petit guillemot*, vulgairement connu sous le nom de *colombe du Groenland*. C'est cet oiseau qui a fait l'objet de la chasse au filet décrite par M. J. Hayes.

FIN

TABLE DES GRAVURES

CARTES DANS LE TEXTE

FIN DE LA TABLE DES GRAVURES.

TABLE DES MATIÈRES

FIN DE LA TABLE DES MATIÈRES

PARIS. — IMPRIMERIE ÉMILE MARTINET, RUE MIGNON, 2.

PARIS. — IMPRIMERIE ÉMILE MARTINET, RUE MIGNON, 2

www.ingramcontent.com/pod-product-compliance
Ingram Content Group UK Ltd.
Pitfield, Milton Keynes, MK11 3LW, UK
UKHW022101260726
13993UKWH00001B/258

9 782329 259536